新装版

ワークシート付き

アサーション
トレーニング

自尊感情を持って
自己を表現できるための
30のポイント

田中和代 著

黎明書房

はじめに

　地球の温暖化のためか，「記録的な大雨」という言葉がテレビから昨今よく流れています。それらのために，がけ崩れが起きたり，床上浸水が起きたりして，犠牲になった方がおられます。生きている限り災いは逃れることができないことなのだと厭世的な気持ちになったりします。

　いっぽうカウンセラーをやっていると，「人間は考え方に左右される存在で，考え方しだいで幸福にもなれるし，不幸にもなる存在」だと感じます。そして，「現実は変わらなくても，考え方で幸福になれるな」とも感じます。これは考え方しだいで，どんな人でも幸福に生きられるということです。

　この本の目指すところは，「自分らしく，さわやかに自己表現をしたり，主張をしたりできるようになる」ということです。つまり，考え方を変えるとみんなが幸せになれるということを目指しています。そのためには，「自尊感情」を持つことが基本です。自尊感情とは，「どんな自分でも，このままで自分は価値がある」と感じ，「そんな自分が好きで，大切にしたいと思う」心です。ですから子どもに接する時は，自尊感情が持てるように，「誰だってそのままでよい」「みんな違ってみんなよい」という態度で接することが大切になります。

　自尊感情が基礎にあるアサーティブなスキルは，ただ単に「上手に自己主張できる会話練習」をすれば身につくというものではありません。この本では，適切な自己主張の方法の他，怒りとは何か，批判された時の対処法，約束が守れなかった時の対応，意見の違う相手とどう対応するか，性被害から逃れる，上手に断る，あいさつなどに加え，リラクゼーションの方法やアイスブレーキングなども含んでいます。

　学校の授業や集会，保護者会などで，アサーティブな力を子どもたちや保護者に身につけていただけるように，この本を活用していただけたら幸いです。

田 中 和 代

も く じ

1　アサーションスキルとは

　アサーションスキルとは何でしょう。それはさわやかに自分を主張することができる力です。さわやかに自己主張をするためには自尊感情が必要です。自尊感情とは，そのままの自分を好きで大切に思えるという意味です。この自尊感情を持つということが心身の健康を保つことにつながります。

　一般にアサーショントレーニングは，「相手を怒らせず，自分が我慢しすぎず自己主張する会話方法を学ぶ」内容となっています。

　私は，長年コミュニケーションに困難を抱える方々への支援をしてきて，自尊感情を持って自己主張するためには，「相手を怒らせず，自分が我慢しすぎず自己主張する会話方法を学ぶ」だけでは，それを使えるようになりにくいと考えています。

　この本では自尊感情を持って自己主張をするためのトレーニングとして，あいさつや怒りのコントロール方法，腹いせ行動の意味を知ること，助けを求める方法，人の話を聞くこと，リラックスする方法を学ぶことなどの幅広い内容を含めています。

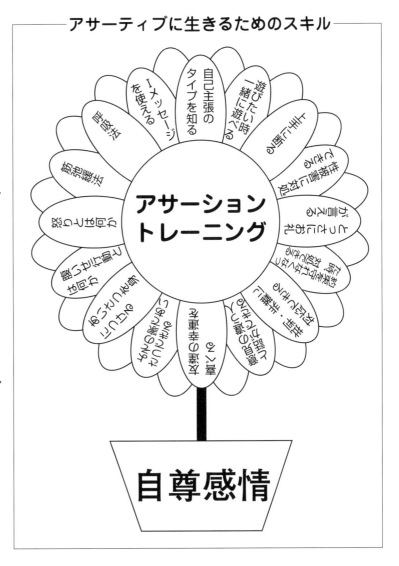

2 本書の使い方

① 本書の内容は，授業だけでなく，集会などでも実施できます。

② 対象者は子どもだけでなく，保護者やその他の全年齢の方々で実施できます。

　　大人などに実施する時は，対象者の年齢に応じて事例の場面や言葉遣いなどを変化させてください。

③ 各学習（アサーショントレーニング）には，参加者が学習過程で記入する「ワークシート」（以下，「シート」）が付けてあります。これは，参加者の認識したことの整理のためです。コピーしてお使いください。

④ また，各学習（アサーショントレーニング）には，シートの記入例が掲載してありますので，それを参考に教師は記入の仕方を説明してください。

⑤ シートの中に「今日学習したことを，ふだんどんな場合に生かせるか，班ごとに話し合って書きましょう」という設問がある場合とない場合があります。

　　授業時間の関係で入れてないことがあります。感想を話し合う中で，必要でしたら学んだ内容をこれからどう使っていけるかも入れていきましょう。

⑥ 実施に必要な時間は，（「学習計画」に沿って行うと）対象年齢や対象人数などでも違ってきますが，シートへの記入などを入れておよそ35〜45分です。短い時間で実施する時は，シート記入を省き，直接対象者に感想や意見などを発言させます。

3 アサーショントレーニング（学習）を実施する時の留意点

　特定の子どもの困った行動を改善したいと考えて実施する場合には，その子どもが「これは自分のことを取り上げている」と気づかないように，設定や状況を変えるなどの工夫をします。

① 説教調にならないように，楽しい雰囲気で学べるように注意します。

② アサーショントレーニング（学習）を実施した時だけでなく，継続的に実施できるように，宿題を出したり，報告などをする機会を作ることにより，スキルが定着するように注意します。

③ 実施するアサーショントレーニング（学習）の内容は，クラスなどの課題を書き出し，本書に収録した学習を参考に簡単にできそうなものから行っていきます。

④ 断るトレーニングの場面で，それなりの理由をつけて断る場合があります。その場合，嘘の理由を言うことは避けましょう。大人が平気でついているような便宜上の小さな嘘も子どもは理解できないことが多いからです。

⑤ 本書のアサーショントレーニング（学習）は，まずロールプレイを参加者に見せることから行います。ロールプレイは主に教師が中心になって行います。しかしロールプレイの出演者の数が教師の数より多い場合は，子どもに手伝ってもらいましょう。手伝ってもらう子どもと練習をしておきます。

〈ロールプレイ〉（英語で Role playing　または　roleplaying）とは

ロールプレイとは日本語に訳すと「役割演技」です。

現実に起こることを予測して，それぞれの役割を演じて，その疑似体験を通じて，現実に起こった事柄に適切に対応できるように練習をします。役割の人数は1人でも2人でもそれ以上のこともあります。

---

⑥ 必要に応じて，アイスブレーキングゲーム（p.89参照）などをあらかじめ行い，緊張をほぐしてからトレーニング（学習）を実施してください。

⑦ アサーショントレーニング（学習）を実施する際には，以下の「4　自己主張の基礎スキル1　自己主張のタイプには3つのタイプがある」「5　自己主張の基礎スキル2　I（アイ）メッセージと YOU（ユー）メッセージ」について，折に触れて参加者に説明してください。

4　自己主張の基礎スキル1 自己主張のタイプには3つのタイプがある

　自己主張のタイプには，次のページの表の3つのタイプがあります。中でも一番理想的と考えられているのは，3つ目のさわやかタイプ（アサーティブタイプ）です。

　学習してもすぐに身につけるのは難しいかもしれませんが，これらのタイプがあることを知ることで，考えながら自己主張したり，反省したりして，徐々に身につけることができます。

自己主張する時の３つのタイプ（宿題を見せてと頼まれ，嫌だと思った時の反応）

３つのタイプ	言い方	言葉の意味
１．攻撃的なタイプ	何言ってるの。そんなのずるいよ。ひきょうだ。見せないよ。	相手の気持ちを考えずに，思ったままをしゃべる方法。時には相手に対し非難的，支配的になる。
２．非主張的タイプ	わかったよ。見せるよ。	断りたくても断れず，嫌でも受け入れてしまう方法。
３．さわやかタイプ（アサーティブ）	見せることはあなたの力にならないから，ごめん，見せられないわ。	理由を言って，冷静に正直に自分の気持ちを伝える方法。

自己主張のタイプとその時の気持ち

１．攻撃的なタイプ	自分は大切にするが，相手は大切にしていない。 相手の気持ちや意見を軽視している。 相手を自分の思う通りに動かそうとしている。 強すぎる主張をして，後悔することもある。
２．非主張的タイプ	自分を大切にしないで，相手の意図を大切にしている。 相手の主張によって動くので，いざこざがおこりにくい。 我慢をするので，気持ちは苦しくなる。ストレスがたまりやすい。 オドオドしている。
３．さわやかタイプ（アサーティブ）	自分の気持ちも相手の気持ちも，両方大切にしている。 お互いが納得できるような方法である。 怒り口調でもオドオドでもなく，平静な態度で主張している。

5　自己主張の基礎スキル2
Ｉ（アイ）メッセージと YOU（ユー）メッセージ

　相手に向かって「不潔だ！」「こんな時間まで帰宅しないで！」という言い方をすることがあります。これだと言われた人は「清潔にしろ」「もっと早く帰ってきなさい」という命令の意図を感じてしまいます。それで不愉快になりやすく，これらの言葉は受け入れられにくくなります。これらは相手（ユー）への命令タイプとなり「ユーメッセージ」といいます。

　一方，「アイメッセージ」は，主語を「私」にするので「汗臭いので，あなたがみんなに嫌われないかと（私は）心配になる」「帰宅が遅かったので（私は）何かあったのかと心配になった」になります。そうすると，相手を責めるニュアンスが減り，相手を心配している気持ちが伝わり，これらの言葉を受け入れやすくなります。

　アイメッセージは，保護者が子どもに何かを伝える時や，子ども同士で話をする時に，これらを意識して用いると関係がよくなりやすい有効なスキルです。

ユーメッセージ

相手を主語に「おまえは……である」と意思を伝える表現方法。

相手を主語にすることで，事実ではなくても，「お前のせいで」私は不愉快になっているということを感情的に伝えている。相手は責められたと感じて，自分を守るために怒ったり反発したり，嫌な感情を返してきます。

アイメッセージ

自分を主語に「私は……である」と意思を伝える表現方法。

主語を私にすることで，相手やその時自分はどう感じているかを相手に伝えているので，相手も「責められた」と感じにくく，素直にその言葉を受け入れやすくなります。

　主語は私（アイ）でも，相手を責めている言い方に注意します。次はその例です。

・「あなたがそんなことをすると，（私が）怒られるはめになる」

・「約束破りは人間失格だと（私は）思う」

・「あなたが余計なことをしたからこんなことになったと（私は）思う」

このような言い方は，【私】が主語です。しかし，相手を責めている表現となっています。実際に相手を責めたい気持ちがある時にはこう言ってしまいがちです。感情のままに言葉を発すると，責められていると感じる表現になりがちですので，どう言ったら相手が怒りを感じずに受け止めてくれやすいかを，よく考えて表現すると効果的です。

ユーメッセージの例	アイメッセージの例
（あなたは）こんな服はやめてこちらにしなさい。	こちらの服の方が（私は）好きだわ。
（あなたは）これ以上散らかさないで。	こんなにゴミが散乱していたら，（私は）苦しくなってしまうわ。
煙たいので（あなたは）タバコをやめて。	タバコをやめてくれると，（私は）うれしい。
（あなたは）音を小さくして！	音を少し小さくしてくれると（私は）うれしい。
（あなたは）ひどいことを言うね。	そんなことを言われて（私は）ショック。
（お前は）こんな時間まで何していたんだ。	連絡もなく遅れたので（私は）心配したわ。
（あなた）これを手伝ってくれ。	これを手伝ってもらえると（私は）うれしい。
（あなたは）友達の悪口ばかり言って，恥ずかしくないの？	あなたと話をするのは楽しいけど，友達の悪口を聞くと，（私は）悲しくなってきます。
（あなたが）遅刻しそうな時は，必ず連絡をしてください。	これからは，遅刻しそうな時は連絡してくれると（私は）ありがたい。
何回言ったら（あなたは）宿題をやり終えるの。	早く宿題をやってしまうと，早く食事になるので，（私は）助かるわ。
（あなたは）汗臭いから嫌！	シャワーで汗を流してくれると，さわやかで（私は）気持ちいい。

アイメッセージは，ユーメッセージに比べると穏やかな表現で，物足りないと思いがちです。しかし相手が責められるように感じないので，反発が少なく，相手が自分の願いを聞き入れてくれやすくなる表現と言えます。

6 自己主張の3つの言い方を知る

対象：小中学生

【本時の目的】 断ったり主張する時の話し方の3つのタイプそれぞれの特徴を，理解することができる。

【学 習 計 画】 「自己主張の3つの言い方を知る」

構成	学習活動	手だて・留意点など
必要に応じて，アイスブレーキングなどで緊張をほぐし，実施する。(p.89参照)		
導入	友達に自己主張したり，断ったりしたことで，嫌な気持ちになった経験を発表する。	子どもから経験が出なかったら，12ページの資料を参考に，例をあげて説明し，理解しやすいように配慮する。
展開	先生の演ずるロールプレイ1と2を見る。 班ごとに，ロールプレイ1と2でのカオリとケイの気持ちを考えて，シートの問1に記入する。	5〜6名の班に分かれる。13ページのシートを各班に1枚ずつ配る。ロールプレイ1と2のセリフに従って主に先生が演じ，2つのロールプレイを見せる。出演者が多い場合は，子どもにも演じてもらう。 ロールプレイ1ではカオリがつらい気持ちになり，ロールプレイ2ではケイがつらい気持ちに（時にはカオリも）なることに気づかせる。14ページの例を参考に記入の仕方を説明する。
	自己主張の3つのタイプを知り，自分も相手も大切にする言い方があることを理解する。	8ページを参考に，自己主張の3つのタイプについて説明して，理解させる。 1．攻撃的なタイプ（ロールプレイ2） 2．非主張的タイプ（ロールプレイ1） 3．さわやかタイプ（アサーティブ）
	カオリもケイもつらくないように言う言い方（さわやかタイプ）を班で話し合い，セリフを考えて問2に記入し，ロールプレイの練習を行う。練習したロールプレイを班の代表者がみんなの前で見せる。	アサーティブな言い方を考えさせる（問2）。班ごとに考えたセリフ（問2）でロールプレイを練習するが，その時，全員が経験できるようにする。その後，班の代表の2人が皆の前でロールプレイを見せるようにする。

まとめ	よかったことや感想を班で話し合い，シートの問3に記入する。本日の学習を，どのような時に使えるか話し合い，問4に記入する。	シートの問3と問4に記入させる。

ロールプレイ1のセリフ （出演者：カオリ，ケイ）

掃除時間にケイが掃除をしないで，ホウキを持って2人でチャンバラごっこをしていた。

カオリ「ケイたち，チャンバラごっこなんかしてないで，早く掃除を終えてください」

ケイ「今，いいとこなんだよ」

カオリ「そんなことしていたら，掃除が終わるのが遅くなってしまいます」

ケイ「カオリがゴミ捨てに行く時，このゴミ捨てて来いよ。ついでだろ。そうすれば掃除が早く終わるんだから」

カオリ「わかった」とゴミを捨てに行く。ケイたちはチャンバラを続けている。

ロールプレイ2のセリフ （出演者：カオリ，ケイ）

掃除時間にケイが掃除をしないで，ホウキを持って2人でチャンバラごっこをしていた。

カオリ「ケイたち，チャンバラごっこなんかして，なんで掃除をさぼっているの。あんたたちはいつもいつも不真面目なんだから。さっさと掃除してしまってよ。いい加減にしないと先生に言いつけるよ」と強い口調で怒鳴る。

ケイ「そんなにきつく言わなくてもいいだろ。お前，乱暴だな」

カオリ「掃除時間に遊んでいるあんたたちに注意をして何が悪いの？　悪いのはケイでしょ。早く掃除しなさいよ！」

ケイ「わかったよ」と遊びをやめて掃除をする。

資　料　友達とのやりとりで嫌な気持ちになった例

・宿題のノートを写させてほしいと頼まれて，断り切れなくて，見せてあげたが，納得がいかない。後悔している。

・割り込んできた友達に，注意をしたら，それ以降，関係が気まずくなった。

・掃除をさぼっている友達に注意をしたら，それ以来，関係がギクシャクした。

・いつも保健室についてきてくれる友達から，保健室についてきてと言われた。体が，だるかったので断りたかったが，断れず保健室に行ったがつらかった。

シート「自己主張の３つの言い方を知る」　　　　　月　　日　　　班

問1　この時の，カオリとケイの気持ちはどうでしたか？　次に書いてください。

	カオリの気持ち	ケイの気持ち
ロールプレイ１の時		
ロールプレイ２の時		

問2　ケイが掃除をさぼってチャンバラごっこをしている時，カオリがどのように言えば，カオリの気持ちもケイの気持ちも嫌な気持ちにならずに，注意できるでしょうか？セリフを考えてください。

掃除時間にケイが掃除をしないで，ホウキを持って２人でチャンバラごっこをしていた。

カオリ「

問3　今日の学習の感想を，班で話し合って，次に書きましょう。

問4　今日学習したことを，ふだんどんな場合に生かせるか，班ごとに話し合って，次に書きましょう。

シート「自己主張の３つの言い方を知る」（記入例）　　月　　日　　　班

問1　この時の，カオリとケイの気持ちはどうでしたか？　次に書いてください。

	カオリの気持ち	ケイの気持ち
ロールプレイ１の時	私は，掃除をさぼっているのを注意したのに，ゴミ捨てをさせられてくやしい。 我慢はつらいな。	カオリは，なんでも僕の言うことを聞くから便利だな。 カオリは言いなりになるな。 カオリはオドオドしているな。
ロールプレイ２の時	私は，正しいことを言った。 思ったことを言えたので，すっきりした。ちょっと言い方きつかったかな。	カオリの言い方はきついな。 もっと優しく言ってくれればいいのに。

問2　ケイが掃除をさぼってチャンバラごっこをしている時，カオリがどのように言えば，カオリの気持ちもケイの気持ちも嫌な気持ちにならずに，注意できるでしょうか？セリフを考えてください。

掃除時間にケイが掃除をしないで，ホウキを持って２人でチャンバラごっこをしていた。
カオリ「ケイ，掃除しないで遊んでいると，終わるのが遅くなるよ。早く掃除を終えてください」

問3　今日の学習の感想を，班で話し合って，次に書きましょう。

・ロールプレイ２の言い方だと，言われている方はつらいと思った。
・相手を怒らせない言い方があることがわかった。
・ロールプレイ１のように相手の言いなりになるのはつらいと思った。
・思ったことをそのまま言葉に出すとケンカになりやすいとわかった。

問4　今日学習したことを，ふだんどんな場合に生かせるか，班ごとに話し合って，次に書きましょう。

・これから友達に注意する時，使いたい。
・よく考えて発言すると，よい関係になりやすくなるとわかった。
・言いたいことを言っても，ケンカにならない言い方があるので，これからよく考えて発言しようと思った。

7　親と対立した時

対象：小中学生

　頭ごなしに言う親に対して強く反発すると，親子の関係が悪くなります。また，嫌な気持ちを持ったまま親の言う通りにすることが続けば苦しくなります。親子関係の難しさは友人と違って嫌でも長年にわたって続くことです。わかり合えない親子になったり，また自分を抑えて苦しいまま成長すると，ストレスから精神的な症状が出ることもあります。

　この学習で親が嫌なことを言っても本当の気持ちは子どものことを思っていることや，ケンカせずに冷静に対処する方法があることを知り，さわやかに，親と違う意見を言えるスキルを身につけたいものです。

【本時の目的】　親と意見が違った時，親も大切にして自分の思っていることを言う方法もあることを知り，適切な対応ができる。

【学 習 計 画】「親と対立した時」

構成	学習活動	手だて・留意点など
必要に応じて，アイスブレーキングなどで緊張をほぐし，実施する。(p.89参照)		
導入	親と対立した時の経験を発表する。 ・いつも対立してケンカ状態になる ・自分の親はわかってくれない ・親に自分の気持ちを言いたかったが我慢した	「親と対立した時」を学ぶ目的をはっきりさせ，動機づけする。
展開	父親とユウのロールプレイ１と２を見る。	５～６名の班に分け，各班に１枚ずつシートを配る。 ロールプレイ１と２のセリフを参考にロールプレイを行い，見せる。 ロールプレイは，主に先生が演じる。出演者の数が先生より多い場合は，子どもにも演じてもらう。
	この時の，父親とユウの気持ちを班で話し合い，シートの問１に記入する。	２つのロールプレイともに，父親とユウの思いが通じ合っていないことに気づかせる。

	どう言ったら対立しないで，ユウは意見を父親に伝えられるか班で話し合い，セリフ（さわやかタイプ）を考える。それを各班で演じる。各班のロールプレイをみんなの前で見せる。	さわやかタイプのセリフをシートの問2に記入させる。
まとめ	親と対立した時，どんなことに気をつけて言うと，さわやかな主張ができ，自分の気持ちが親に伝わりやすいか，班で話し合う。	シートの問3に記入させる。

ロールプレイ1のセリフ （出演者：父親，ユウ）

父親「ユウ！　日曜日は釣りに連れて行ってやる！　用意をしておけ」
ユウ「やだよ！　ジュンと出かけるから」
父親「父さんがせっかく連れて行ってやろうと言うんだぞ。釣りだ，絶対釣りに来い」
ユウ「勝手だな！　絶対行かないぞ」
父親「なんだ，この意地っ張り」と殴ろうとする。

ロールプレイ2のセリフ （出演者：父親，ユウ）

父親「ユウ！　日曜日は釣りに連れて行ってやる！　用意をしておけ」
ユウ「ええ！　お父さん，日曜日釣りに行くつもりなの？」
父親「そうだ。お前が釣りを好きだから，釣りに連れて行ってやるよ」
ユウ「うん，わかった」（心の声：どうしよう，ジュンと約束したのに。仕方ないのでジュンには断るか）

シート「親と対立した時」　　　　　　　　　　年　　組　名前

問1　父親とユウのロールプレイを見て，2人の気持ちを考えて次に書いてください。

	父親の気持ち	ユウの気持ち
ロールプレイ 1の時		
ロールプレイ 2の時		

問2　父親が釣りに連れて行ってくれると言った時，ユウが自分の予定があることをどう言えば父親と対立せず，無理な我慢もしなくてすんだと思いますか？　班で話し合い，セリフを考えてください。

父親「ユウ！　日曜日は釣りに連れて行ってやる！　用意をしておけ」 ユウ「

問3　親と対立した時，どんなことに注意すれば，さわやかに主張できるでしょうか？　班で話し合い，次に書きましょう。

シート「親と対立した時」（記入例）　　　年　　組　　名前

問1　父親とユウのロールプレイを見て，2人の気持ちを考えて次に書いてください。

	父親の気持ち	ユウの気持ち
ロールプレイ1の時	ユウのためを思って，釣りを計画してやったのに，なんだその言い方は。	自分にも予定というものがあるのに，僕の気持ちも予定も聞かないで，勝手に決めるなんて。お父さんは横暴だ。
ロールプレイ2の時	ユウも釣りに行くことを喜んでいる。計画してよかった。	僕は行きたくないのに，言えない。つらいな。

問2　父親が釣りに連れて行ってくれると言った時，ユウが自分の予定があることをどう言えば父親と対立せず，無理な我慢もしなくてすんだと思いますか？　班で話し合い，セリフを考えてください。

> 父親「ユウ！　日曜日は釣りに連れて行ってやる！　用意をしておけ」
> ユウ「ええ！　お父さん，日曜日釣りに行くつもりなの？」
> 父親「そうだ。お前が釣りを好きだから，釣りに連れて行ってやるよ」
> ユウ「お父さん，僕が釣り好きだから計画を立ててくれたんだね。ありがとう。実は昨日ジュンと出かける約束をしてしまったんだ。ごめんね，釣りはまた他の時に連れて行って」
> 父親「ええ！　残念だな。ユウと行きたかったのに」
> ユウ「ごめん，ごめん」
> 父親「仕方ないか。次はもっと早く計画を立てるかな」

問3　親と対立した時，どんなことに注意すれば，さわやかに主張できるでしょうか？　班で話し合い，次に書きましょう。

> ・親が自分のためにしてくれたことを認めたり，感謝をする。
> ・自分の都合や予定を知らせる。
> ・父親の気持ちに応えられなかったことを謝る。

8　子どもを叱る

対象：子どもが小学校高学年から高校生くらいまで

　子どもが約束を守らず遅く帰ってきた時など，親は心配な気持ちで待っています。しかし子どもの無事な姿を見ると，心配な気持ちよりも，約束を破ったことへの怒りの気持ちをぶつけてしまうことがあります。こんな風に嫌な気持ちを感情的にぶつけることで，子どもは謝るどころか，かえって反発しがちです。子どもの反発の言葉を聞いて，親はさらに怒りの感情をぶつけてしまい，親子の対立が高まります。または子どもが内気な場合は，黙ったままで，心は萎縮してしまいます。

　こんな時，親が心配している気持ちを素直に伝えることにより，子どもも素直に謝ることにつながります。前出の「アイメッセージ」の要領で行います。

【本時の目的】　子どもを叱る時，気持ちが伝わりやすい言い方があることを理解し，その気持ちを上手に伝えることができるようになる。

【学習計画（保護者用）】「子どもを叱る」

構成	保護者の活動	手だて・留意点など
雰囲気により，事前にアイスブレーキングなどを取り入れ，緊張をほぐす。（p.89参照）		
導入	子どもを「頭ごなしに叱った」時の気持ちを発表する。 ・子どもが悪いのに，後味が悪い ・その後の親子関係が悪い ・叱るより，感情に任せて怒って収拾がつかなくなった	「子どもを叱る」の目的をはっきりさせ，動機づけする。 目的：叱ることにより，親子関係が悪化しないよう，さわやかに叱るスキルを学ぶこと。 保護者を4～6人の班に分け，シートを各班に1枚ずつ配る。

展開	ロールプレイ1を見る。	ロールプレイ1のセリフを参考にロールプレイを行う。ロールプレイへの出演は，他の先生や保護者などに，あらかじめ頼んでおき，セリフの練習をしておく。
	ロールプレイ1の時の，母親とユミの気持ちを班で話し合い，シートの問1に記入する。	班の代表と書記係を決めさせる。 シートの問1に記入させる。
	怒った後の母親とユミの気持ちを班で話し合い，シートの問2に記入する。	シートの問2に記入させる。 シートの問2に記入し，問1と問2の気持ちが一致していないことに気づかせる。
	自己主張の3つのタイプを知り，自分も相手も大切にする言い方があることを理解する。 母親は，どう言ったら心配している気持ちを素直に子どもに伝えられるかを班で話し合い，セリフ（さわやかタイプ）をシートの問3に記入する。それを各班で演じる。 各班のセリフで行ったロールプレイをみんなの前で見せる。	7ページを参考に，自己主張の3つのタイプについて説明して，理解してもらう。 セリフをシートの問2に記入させる。 先生は，シート（保護者用　記入例）を参考に，各班を回ってアドバイスする。
まとめ	子どもに親の気持ちを伝える時の注意を班で話し合って，記入する。	シートの問4に記入させる。 「1カ月のうちに1回，親と対立した時にさわやかに主張する」という宿題を出してもよい。

ロールプレイ1のセリフ（出演者：母親，ユミ）

娘のユミが友達に誘われて花火大会に出かけた。夜9時までに帰宅する約束をした。しかし，娘は9時になっても戻ってこない。母親は玄関で娘の帰りを待っている。

母親「もう9時過ぎたわ。ユミがまだ帰ってこない。心配だわ」

―30分経過―

母親「もう9時半。何しているのかしら。夜道は危ないのに。遅いわ」

―30分経過―

母親「あら10時過ぎたわ」

そこへ玄関のドアを開けて娘ユミが帰ってきた。

ユミ「ただいま！　すごく花火がきれいでよかったよ，お母さん。来年も行きたいよ」

母親「何言ってるの！　こんなに遅く帰ってきて！　約束は9時だったでしょ。何時だと思っているのよ。今までいったい何していたのよ！　連絡くらいしなさいよ。だいたい，いつも約束を破って」

ユミ「何言っているの，お母さん。これでも頑張って早く帰ったのよ。友達は『もっといなよ』と言うのを断って帰ってきてあげたのに」

母親「『帰ってきてあげた』とは何よ。9時の約束を破っているのに。ふてぶてしい！この不良！」と言って，ユミを叩く。

ユミ「お母さんひどい！　もうこんな家は嫌」

とユミは玄関から外に出ようとする。

保護者たちが考えだす問3のセリフの例

・あなたが無事に帰ってくるか心配したよ。電話で連絡してくれると安心できた。

・やっと帰ってきたのね。よかった無事な顔が見られて。

・遅かったから心配したのよ。9時の約束なのに10時まで帰らないから。

・ああよかった。いま警察に捜索願を出そうかとお父さんと言ってたの。

シート「子どもを叱る」（保護者用）　　　　月　　日　　名前

問1　母親とユミのロールプレイを見て，母親とユミの気持ちを想像して書いてください。

ユミを待っていた時の母親はどんな気持ちだったのでしょうか？

玄関についた時のユミはどんな気持ちだったのでしょうか？（母親に叩かれる前の気持ち）

問2　玄関で言い争いをした後の，母親とユミの気持ちを想像して書いてください。

母親の気持ち

ユミの気持ち

問3　母親が「心配している」「約束を守ってほしい」という気持ちをユミに伝えるには，ユミが帰ってきた時にどう言えばよいでしょうか？　次にセリフを書いてください。

娘のユミが友達に誘われて花火大会に出かけた。夜9時までに帰宅する約束をした。しかし，娘は9時になっても戻ってこない。母親は玄関で娘の帰りを待っている。

母親「もう9時過ぎたわ。ユミがまだ帰ってこない。心配だわ」

―30分経過―**母親**「もう9時半。何しているのかしら。夜道は危ないのに。遅いわ」

―30分経過―**母親**「あら10時過ぎたわ」そこへ玄関のドアを開けて娘ユミが帰ってきた。

ユミ「ただいま！　すごく花火がきれいでよかったよ，お母さん。来年も行きたいよ」

母親「

問4　子どもに親の気持ちを伝える時に大切なことを班で話し合って書いてください。

シート「子どもを叱る」（保護者用　記入例）　月　　日　　名前

問1　母親とユミのロールプレイを見て，母親とユミの気持ちを想像して書いてください。

> ユミを待っていた時の母親はどんな気持ちだったのでしょうか？
> ・帰りが遅いので，何か事件でもあったのではないかと心配。
> ・なぜ連絡がないのか，とても心配。

> 玄関についた時のユミはどんな気持ちだったのでしょうか？（母親に叩かれる前の気持ち）
> ・帰宅時間が守れなくてごめんなさい。でも，とっても楽しかったので，母にその気持ちをわかってほしい。

問2　玄関で言い争いをした後の，母親とユミの気持ちを想像して書いてください。

> 母親の気持ち　・叩かなければよかった。　・子どもの気持ちをわかってあげればよかった。　・無事に帰ってきてくれてよかった。　・約束は守ってほしかった。

> ユミの気持ち　・約束を破ったのだから最初に謝ればよかった。　・叩かなくてもいいのに。・娘を不良だなんてひどい。私は不良などではない。ひどい言い方だ。許せない。

問3　母親が「心配している」「約束を守ってほしい」という気持ちをユミに伝えるには，ユミが帰ってきた時にどう言えばよいでしょうか？　次にセリフを書いてください。

> 娘のユミが友達に誘われて花火大会に出かけた。夜9時までに帰宅する約束をした。しかし，娘は9時になっても戻ってこない。母親は玄関で娘の帰りを待っている。
> 母親「もう9時過ぎたわ。ユミがまだ帰ってこない。心配だわ」
> ―30分経過―母親「もう9時半。何しているのかしら。夜道は危ないのに。遅いわ」
> ―30分経過―母親「あら10時過ぎたわ」そこへ玄関のドアを開けて娘ユミが帰ってきた。
> ユミ「ただいま！　すごく花火がきれいでよかったよ，お母さん。来年も行きたいよ」
> 母親「ああ，ユミちゃん無事に帰ってきたね。よかった。連絡なしで何かあったかと心配で，今，警察に電話をしようとしていたところよ」
> ユミ「お母さん，ごめんね。連絡しなくて。みんなはまだお祭りを楽しんでいたから，つい帰るのが遅くなってしまったの」
> 母親「そうなのね。これからは電話で連絡を入れてね。心配になるので」
> ユミ「うん，わかった，お母さん」

問4　子どもに親の気持ちを伝える時に大切なことを班で話し合って書いてください。

> ・まずは，本当の気持ち（心配になった）を伝えると，親の愛が伝わり，「約束を破ってごめんなさい」の言葉が出やすくなる。　・子どもにも事情があるので，怒るのはそれを聞いてからでも遅くない。　・頭ごなしに怒っても，効果は少ない。むしろ逆効果。
> ・まず本当に心配している気持ちを伝えることで，親を信頼しやすくなる。

9　悪口を聞かされた時

　悪口を聞かされた時，他の人のことでも嫌な気持ちがします。しかし「悪口は聞きたくない」とか「もうやめて」とは言いにくいものです。そんなことを言うと，相手がきまり悪くなってしまいそうだからです。しかしだからといって黙っていると，「悪口に賛成したと思われる」可能性もあります。

　この学習では，悪口を聞かされた時，どういうふうに言ったら相手も嫌な思いをせずに，自分の気持ちを伝えられるかということを学びます。また，「相手を嫌な気持ちにさせても，悪口は言わないでと言ってよい」ことも学びます。

【本時の目的】　聞きたくない悪口を聞かされた時，さわやかに自分の気持ちを伝えることができる。

【学習計画】「悪口を聞かされた時」

構成	学習活動	手だて・留意点など
導入	悪口を聞かされて，どう答えたらよいかわからない経験や，一緒に悪口を言ってしまった経験を発表する。	・本時の目的を知らせ，学習意欲を高める。悪口を一緒に言ってしまった時の嫌な気持ちを持った経験を発表させる。経験が出なかったら，25ページの資料を参考に例をあげて説明する。
展開	ロールプレイ１と２を見る。班ごとに，ロールプレイ１と２でのエリとサラの気持ちを考えて，シートの問１に記入する。	・５～６名の班に分かれる ・シートを各班に１枚ずつ配る。 ・２つのロールプレイのセリフに従って先生が中心になって演じ，見せる。出演者の数が先生より多い場合は，子どもに演じてもらう。 ・ロールプレイ１では，サラがつらい気持ちになり，ロールプレイ２ではエリとサラの両方がつらい気持ちになることに気づかせる。
	エリもサラもつらくならないような言い方を班で話し合い，セリフを考えて，ロールプレイの練習を行う。練習したロールプレイを，班の代表がみんなの前で見せる。	自己主張の３つのタイプに気づかせ，自分も相手も大切にする言い方があることに気づかせる。ロールプレイ１は非主張的タイプ。ロールプレイ２は攻撃的なタイプ。アサーティブな話し方を班で考えてシート問２に記入させる。

まとめ	学習の感想を話し合い，シートの問3に記入する。今日の学習がどのような時に使えるか話し合い，問4に記入する。	感想を班ごとにシートの問3に記入させる。学習の内容がどのような時に使えるか話し合わせ，シートの問4に記入させる。

ロールプレイ1のセリフ （出演者：エリ，サラ）

エリ「メグは，自慢ばかりして嫌な子。先週も，おじいさんからのお土産を私に見せびらかしていたわ。フランスで買った香水だってさ。子どもが香水なんかつけたらおかしいよね。これからは遊ぶ時メグを誘わないでおこうよ。気分が悪いから。ねえ，そうしようね。いいでしょ」

サラ「（心の中で，メグの悪口を言うのは嫌だと思っているが）……うん」と小声で言う。

エリ「ああ，よかった。サラも同じように思っていたんだね。じゃあ，裏切ったらだめだよ。指切りげんまんしよう。じゃあここでバイバイ」

（サラはエリから離れて）サラ「どうしよう。私，メグとも遊びたいし，エリとも友達でいたいし。私もメグの悪口に賛成したと思われちゃった」

ロールプレイ2のセリフ （出演者：エリ，サラ）

エリ「メグは，自慢ばかりして嫌な子。先週も，おじいさんからのお土産を私に見せびらかしていたわ。フランスで買った香水だってさ。子どもが香水なんかつけたらおかしいよね。これからは遊ぶ時メグを誘わないでおこうよ。気分が悪いから。ねえ，そうしようね。いいでしょ」

サラ「エリ，メグの悪口を言うなんて最低！　悪口は言ってはいけないと，先生も言ってたでしょ。いい加減にしなさいよ」

エリ「……」とうなだれる。

資料　悪口を聞かされたり，言ってしまったりした例

・班活動の最中，カナの班のユリが「サエって，いい服を着てるけど，サエの家は本当は貧乏なんだって」と言ったので，皆は口々に「サエは無理していい服を着ているんだ」「見栄っ張りだね」と言った。それを聞いていたカナはサエと親友で，家が貧しいことは知っていましたが見栄っ張りと思ったことはありませんでした。でも，黙っていました。それからクラスで「見栄っ張りのサエ」というあだ名がつきました。

・3人グループの1人A子は，行動が遅いので集合時間に遅れがち。B子が「A子は遅れてきてだらしないね」と言った。私は気にならなかったが「そうだね」と言ってしまった。翌日B子はA子に「A子はいつも遅れてきてだらしないよ。私もそう言ってたよ」と告げた。それ以来，A子は私に冷たくなった。

シート「悪口を聞かされた時」　　　　月　　日　　班

問1　ロールプレイの1と2を見て，サラとエリの気持ちを書きましょう。

	サラの気持ち	エリの気持ち
ロールプレイ1の時		
ロールプレイ2の時		

問2　エリもサラもつらくならないようなサラの言い方を考え，次に書きましょう。

エリ「メグは，自慢ばかりして嫌な子。先週も，おじいさんからのお土産を私に見せびらかしていたわ。フランスで買った香水だってさ。子どもが香水なんかつけたらおかしいよね。これからは遊ぶ時メグを誘わないでおこうよ。気分が悪いから。ねえ，そうしようね。いいでしょ」

サラ「

問3　今日の学習の感想を班で話し合い，その結果を，次に書きましょう。

問4　今日の学習内容をふだんの生活のどんなところで使えると思いますか？　班で話し合って，次に書きましょう。

シート「悪口を聞かされた時」（記入例）　　　月　　日　　　班

問1　ロールプレイの1と2を見て，サラとエリの気持ちを書きましょう。

	サラの気持ち	エリの気持ち
ロールプレイ1の時	メグの悪口に賛成するのは嫌だが，はっきり言えないので，結果的に賛成してしまって苦しい。メグに申し訳ない。	思う通りにサラが賛成して，指切りげんまんまでさせたから，よかった。
ロールプレイ2の時	私は正しいことを言っただけ。しかし，ちょっときつく言い過ぎたかな。少し心配。	サラから悪口を言ってはいけないと怒られてしまった。「悪口は言ってはいけない」は正しいが，言い方がきついので，責められたようで，嫌だった。

問2　エリもサラもつらくならないようなサラの言い方を考え，次に書きましょう。

> エリ「メグは，自慢ばかりして嫌な子。先週も，おじいさんからのお土産を私に見せびらかしていたわ。フランスで買った香水だってさ。子どもが香水なんかつけたらおかしいよね。これからは遊ぶ時メグを誘わないでおこうよ。気分が悪いから。ねえ，そうしようね。いいでしょ」
> サラ「私は，エリもメグも好きだし，これからも一緒に遊びたいので，メグの悪口は聞きたくないの。ごめんね」
> エリ「うん，わかったよ。もうこれ以上悪口は言わないね」

問3　今日の学習の感想を班で話し合い，その結果を，次に書きましょう。

> ・返事はよく考えてしなければいけないとわかった。　　・自分も軽く考えて，悪口に賛成したことがあった。でも，ずっと後悔していた。苦しかった。　　・本当に相手が悪いと思わなくても，自分たちの気分で悪口を言ってしまったことがあると思う。

問4　今日の学習内容をふだんの生活のどんなところで使えると思いますか？　班で話し合って，次に書きましょう。

> ・何人かの仲良しグループで，そこにいない人のことを話す時，悪口になることがある。そんな時には，悪口にならないようにしなければいけないと話し合った。
> ・人のことをやたらに悪く言わないようにと話し合った。
> ・悪口はよくないからあまり言わないようにしよう。

10　上手に断る

対象：小学校中学年以上

　友達の誘いはなるべく断りたくないものです。いつもお世話になってもいるので断りたくないし，断ったことで相手が気分を害さないか心配になったりします。

　また，お金のかかることを断ると，ケチと思われるのが嫌なので，つい無理して断らないこともあります。でも，ずっと断らないで我慢していると苦しくなってきます。

　断っても，相手の気分を害さないように上手に断る方法があります。それができるようになると，生きるのが楽になります。自分の気持ちを偽らなくてもよいし，正直にいられるからです。

断り方３つのタイプ

タエルさん タイプ	ツヨシさん タイプ	サワヤカさん タイプ

気が弱くて，嫌な時も断れない。	相手の都合を考えずに，自分の都合だけで断る。	相手の気持ちを大切にするが，自分の気持ちも考えて断ることができる。

【本時の目的】　断りたい時，我慢することなく，一方的に断るのではなく，適切な言い方で断ることができる。

【学習計画】「上手に断る」

構成	学習活動	手だて・留意点など
必要に応じて，アイスブレーキングなどで緊張をほぐし，実施する。(p.89参照)		
導入	断れなくて困った経験を発表する。	「上手に断る」を学ぶ目的をはっきりさせ，動機づけする。31ページの資料「断れなくて困った経験の例」を参考にする。
展開	「不適切な断り方」と「適切な断り方」のロールプレイ1〜3を見る。	5〜6名の班に分け，各班に1枚ずつシートを配る。30ページのロールプレイ1〜3を演じ，見せる。出演者は，A男，タエル，ツヨシ，サワヤカ。タエル，ツヨシ，サワヤカは先生が演じる。相手役のA男は，別の先生や，子どもに頼む。
	3つの断り方の違い，感想を話し合う。3つの断り方があることをシートを用いて確認する。班で話し合い，断る適切なセリフを考えてシートの問2に記入する。	シートの問1に記入させる。8ページの「自己主張の3つのタイプ」を参考にして「断り方の3つのタイプ」ついて説明する。シートの問1の気持ちは○（良い）×（悪い）で記入させる。セリフだけでなく，態度に気づかせる。シートの問2に適切なセリフを記入させる。
	シートの問2をする。断り方を班で相談して，セリフを考える。その後，そのセリフを用いて，ロールプレイを練習する。	班ごとに，全員にシート問2のロールプレイを体験させる。役割を交代して，断る側，断られる側の気持ちを考えさせる。
まとめ	生徒全員がロールプレイを体験して，その感想を班で話し合う。また，実際の場面でどのように活用できるかも話し合い，みんなの感想をシートに記入する。	感想はシートの問3に記入させる。

ロールプレイ 1 のセリフ （出演者： A男，タエル）

A男「おいタエル，放課後サッカーしていこうよ」

タエル「ええ，サッカー，あんまりしたくないんだけど」と小さな声。

A男「そんなこと言わないで，やろうぜ」

タエル「……うん，わかった」（気が弱く断れない。オドオドした感じで）

ロールプレイ 2 のセリフ （出演者： A男，ツヨシ）

A男「おいツヨシ，放課後サッカーしていこうよ」

ツヨシ「なぜ俺がサッカーなどしなくてはならないのだ！」（怒りながら言う）

A男「そんなに嫌なら，しなくてもいいよ」

ツヨシ「じゃあな」とはなれる。

A男「ツヨシってこわい！」

ロールプレイ 3 のセリフ （出演者： A男，サワヤカ）

A男「おいサワヤカ，放課後サッカーしていこうよ」

サワヤカ「ごめん，サッカー苦手だから行かない。僕は野球の方が好きなんだよ。野球の時に誘ってね」（にこやかに言う）

資料　断れなくて困った経験の例

・学校で友達がチョコレートを「これあげる」とそっと渡してくれた。チョコレートは好きだけれど，学校で食べてはいけないので驚いた。どう言ったらよいのかわからなかった。

・友達が，「学校が終わったら，お前の家に行っていいか」と聞いてきた。友達は毎日のように我が家にゲームをしに来る。親は仕事でいないので気楽なのかもしれない。毎日来られるのが迷惑だけど，どう言ったらそれが伝わるのか。どう断ったらよいのかわからない。

・夜遅くまでかかってやった宿題を，翌朝友達が「宿題見せてくれ」と言ってきた。すごく苦労したので見せたくなかったが，断るとなんだか冷たいと思われるような気がして断りにくかった。

・友達が「お金を貸して」と言ってきた。親から「お金の貸し借りはしないように」と言われているので，断りたかった。しかし友達が困っている時に，冷たい対応をしたらかわいそうかな，と思って断りにくかった。

・友達から放課後，ショッピングセンターに遊びに行こうと誘われた。自分は人ごみが苦手なので断りたかったが，いつも断っているので，今回も断ると冷たいと思われそうで，断りにくい。

・たびたび友達から休みの日の「ウサギのえさやり当番」を代わってくれと頼まれる。今日も頼まれたが，今日は自宅でゆっくりしたいと思っていたので，断りたい。しかし友達はスポーツ少年団に入っており，毎日曜日ごとに練習があるので大変そうで，断りにくい。

・休みになると，親から「一緒にドライブに行こう」と誘われる。親は自分と行くことを喜んでいるが，自分は自宅で好きなことをして過ごしたい。親は，自分を喜ばせようと計画しているのに，どう言って断ったらよいのかわからない。

・親が「一緒に遊びなさい」とすすめる子は，まじめすぎてつまらない。自分はもっと気楽に話ができる子と一緒にいたい。親はわが子が真面目な子と遊ぶことで，わが子もその子のように成績がよくなってほしいと思っているようだ。どう親に言ったらよいかわからない。

・喫茶店に行こうと誘われたが，喫茶店で頼むと500円くらい使ってしまう。私はそんなことにお金を使うのはもったいないと思っているが，ケチだと思われるのが嫌なので，時々は友達の誘いを断りきれず，喫茶店に行っている。しかし実は毎回断りたいと思っている。

シート 「上手に断る」　　　　　　　　年　　組　名前

問1　先生たちが演じる「断り方の3つのタイプ」のロールプレイの感想を書きましょう。

気持ちは〇か×で記入

ロールプレイ1の感想を書きましょう	タエルの気持ち	A男の気持ち
ロールプレイ2の感想を書きましょう	ツヨシの気持ち	A男の気持ち
ロールプレイ3の感想を書きましょう	サワヤカの気持ち	A男の気持ち

問2　次の場合，どのように断ったらよいでしょうか。相手も自分も大切にした言い方で断りましょう。

たびたびワタルから休みの日の「ウサギのえさやり当番」を代わってくれと頼まれる。今日も頼まれたが，今日は自宅でゆっくりしたいと思っていたので，断りたい。しかしワタルはスポーツ少年団に入っており，毎日曜日ごとに練習があるので大変そうで，断りにくい。

ワタル「おい，リュウイチ，明日のウサギのえさやり，また僕の代わりにやってくれないかな。明日も朝の8時から12時までサッカーの練習があるんだ」

リュウイチ「

　　　　　　　　　　　　　　　　　　　　　　　　　　　　　　　　　　」

問3　今日の授業の感想や，どんな場面で使えそうか，など次に書きましょう。

シート　「上手に断る」（記入例）　　　年　　組　　名前

問1　先生たちが演じる「断り方の3つのタイプ」のロールプレイの感想を書きましょう。

気持ちは〇か×で記入

ロールプレイ1の感想を書きましょう	タエルの気持ち	A男の気持ち
本当はサッカーをしたくないのに，断れず，苦しそうだった。	×	〇
ロールプレイ2の感想を書きましょう	ツヨシの気持ち	A男の気持ち
嫌なので強く断った。それでA男はすぐにあきらめてくれてツヨシは満足。しかし相手は嫌な気持ちになったかもしれない。	〇または×	×
ロールプレイ3の感想を書きましょう	サワヤカの気持ち	A男の気持ち
サワヤカの言葉に嘘はないし，無理もしていないので気楽。断られたA男も，意地悪で断られたのではないことがわかるので，断られても嫌な気持ちはしなさそう。	〇	〇

問2　次の場合，どのように断ったらよいでしょうか。相手も自分も大切にした言い方で断りましょう。

> たびたびワタルから休みの日の「ウサギのえさやり当番」を代わってくれと頼まれる。今日も頼まれたが，今日は自宅でゆっくりしたいと思っていたので，断りたい。しかしワタルはスポーツ少年団に入っており，毎日曜日ごとに練習があるので大変そうで，断りにくい。
> ワタル「おい，リュウイチ，明日のウサギのえさやり，また僕の代わりにやってくれないかな。明日も朝の8時から12時までサッカーの練習があるんだ」
> リュウイチ「ワタル，いつも日曜の朝は僕がウサギのえさやりに行ってただろ。明日は久しぶりに寝坊できると思っていたんだ。それで今夜遅くまで起きていようと計画を立てているので，悪いな明日は行けないよ。またこんど行くからね」

問3　本日の授業の感想や，どんな場面で使えそうか，など次に書きましょう。

> 前に，友達の誘いを断って後味が悪くなったことがあって，「これからは断らないようにしよう」と思っていたけど，こんな断り方もあるのだと知った。
> これから家で1人で遊びたい時に，断ることができそう。

11　実習先などで体調が悪くなった時　　対象：中高校生

　このスキルは職場体験の前に行うと効果的です。実習先など慣れていない場所で体調が悪くなった時,「早く帰らせてほしい」と伝えることができずにいることがあります。そんな場合，無理して働き続けたり，または何も言わずに帰ってしまう子どももいます。苦しくて働き続けると実習先に行くのが苦手になったり，何も言わずに帰ると実習先が心配したり，実習先の信用をなくしたりします。そんな場合，自分の体調が悪いことを知らせて早退したいことを伝えることは大切なことです。

　このようなことを伝えることができるようになると，実習先だけでなく，就職後でも適切な行動ができるようになるので信用につながる大切なスキルと言えます。

【本時の目的】　実習先などで体調が悪くなった時に，それを実習先に適切な言い方で伝えることができる。

【学習計画】「実習先などで体調が悪くなった時」

構成	学習活動	手だて・留意点など
必要に応じて職場体験について説明をする。		
導入	体調が悪くなった時に，それを言えなかった経験などを発表する。本時の目的「実習先などで体調が悪くなったら，それを伝えること」を理解する。	本時の目的「実習先などで体調が悪くなった時には，それを周囲に伝えることが大切」ということを伝え，本時の目的をはっきりさせる。
展開	3種類のロールプレイを見て，班ごとに感想を話し合う。ロールプレイ1と2では，実習先に失礼になることを理解する。	5～6名の班に分ける。ロールプレイ1～3はセリフを参考に，主に先生が演じ，見せる。出演者の数が先生より多い場合は，子どもにも演じてもらう。
	ロールプレイ3のように，自分の困っていることを実習先の人に言うロールプレイ練習を，班ごとにする。	ロールプレイ1～3では，「頭痛」だったが，「気分が悪い」に変えたり，「帰らせてほしい」ではなく「休ませてほしい」などに変えて行うのもよい。
まとめ	生徒全員がロールプレイを体験して，その感想を班で話し合う。	実習への不安なども出していき，実際の場面でどのように活用できるかも班で話し合い，最後の班の話し合いで出たみんなの意見や感想を発表する。

　この学習では記入するシートは用いていない。それより，実際に実習先で，きちんと話ができるようにロールプレイを重視している。みんなが職場の人に必要なことを伝えられることに重点を置いているので，全員がロールプレイを経験できるように配慮する。

ロールプレイ1のセリフ （何も言わずに帰ってしまう場合）（出演者：アカリ，ミオ，職員）

実習先で，チラシを2つ折りにする仕事をしている最中。
アカリ「頭が痛い。苦しくてたまらない。3時までいるのがつらいな。どうしよう，どうしよう。こんなことを言うのは恥ずかしいから，もう帰ってしまおう」
隣にいた**ミオ**が「あれ，アカリどこに行くの」
アカリはそのまま家に帰る。
その後，実習先の人が来てミオに聞く。
実習先の人「あら，ミオさん，アカリさんどこに行ったの？　知らない？」
ミオ「もう1時間以上前に，どこかに行ったまま帰ってきません」
実習先の人「あら，どうしましょう。どこに行ったのかしら。行方不明だわ。学校と警察に捜してもらわなくては」

ロールプレイ2のセリフ （苦しくても我慢してしまう場合）（出演者：アカリ，職員）

実習先で，チラシを2つ折りにする仕事をしている最中。
アカリ「頭が痛い。苦しくてもうここにはいられない。3時までいるのがつらいな。どうしよう，どうしよう。こんなことを言うのは恥ずかしい。言わないでおこう」
それからしばらくして，突然アカリが倒れる。
実習先の人「あら，アカリさん，どうしたの。苦しそうだね。ひどい熱だわ」

ロールプレイ3のセリフ （断って帰る場合）（出演者：アカリ，職員）

アカリ「頭が痛い。苦しくてもうここにはいられない。3時までいるのがつらいな。どうしよう，どうしよう。言うのは恥ずかしいけど，つらくて我慢できないから言おう」
アカリは移動して実習先の人に近づく。
アカリ「すいません。頭が痛くてつらいんです。我慢したけど，治らないので，今から早退したいんです」
実習先の人「あら，そんなに頭が痛いのね。わかったわ。では，このイスに座ってね。今，学校にも連絡するから，それから帰るようにしてあげますから少し待っててね」
アカリ「よかった」

12 一緒に遊びたい時

対象：小学校低学年，中学年

　友達が仲良く遊んでいると，「自分も仲間に入りたい」と何も考えずに自然にまじって遊んでいる子どもがいます。一方，「どうやって一緒に遊んだらいいのか」と考えるだけで動けない子どもは仲間に加わるのが難しくなります。

　このアサーショントレーニングでは，一緒に仲間に入れてもらう時の言葉がけを練習します。しかしこのトレーニングはそれだけでなく，「仲間に入れて」と言われた側が，「仲間に入れてと言われたら，快く仲間に入れてあげるのがよい」という暗黙のルールを子どもたちに教えるという意味もあります。

【本時の目的】 一緒に遊びたい時，適切な言葉がけをして仲間に入りたい意思を伝えることができる。

【学 習 計 画】 「一緒に遊びたい時」

構成	学習活動	手だて・留意点など
必要に応じて，アイスブレーキングなどで緊張をほぐし，実施する。(p.89参照)		
導入	遊んでいる友達の仲間に加わりたいと思っても言えなくて，さみしい思いをした経験を発表する。	子どもから経験が出にくいようなら，先生の経験として発表してもよい。(例：小学生の頃，友達が楽しそうに遊んでいるのを見て，加わりたかったが言い出せずさみしかったなど)
展開	ロールプレイ1を見て，「こんな時はどう言ったら一緒に遊べるか」を考えさせる。	5～6名の班に分け，シートを各班に1枚ずつ配る。ロールプレイ1を主に先生が演じ，見せる。出演者の数が先生より多い場合は，子どもにも演じてもらう。
	班ごとに，どう声をかけたらいいか，話し合ってセリフを決め，班ごとにロールプレイの練習をする。	ヒカルが声をかけたら，「いいよ，一緒に遊ぼうよ」などと，受け入れるセリフが入るように配慮する。班ごとに考えたヒカルと受け入れる側（友達）のセリフを問1に記入させる。ロールプレイの練習は，交代して全員が体験できるようにする。

	各班の代表が，皆の前で，班で作ったセリフによるロールプレイを見せる。	皆の前でロールプレイをする人を決めさせる。
まとめ	感想を話し合う。本日の学習を，どのような時に使えるか，話し合う。	感想や，これからどのような場で使いたいかなどを，班ごとにシートの問3に記入させる。

ロールプレイ1のセリフ （出演者：ヒカル，友達1，友達2）

1人ぼっちの生徒ヒカル，友達2人が，ゲームの話をしている。

ヒカル「楽しそうだな，一緒に遊びたいな。でも……どうしたらいいかな」

ヒカルは遊んでいる友達の近くまで歩いていく。緊張した表情で，立っている。その時，遊んでいる友達の1人がヒカルに気づき驚く。

友達1「ああ！　なんだ，いつからそこにいたんだよ。びっくりしたよ」

友達2「本当！　驚かせるな。さあ，あっちへ行こうか」

2人はその場を離れて，話の続きをする。

ヒカル「一緒に遊びたかったのに。さみしいな」

子どもたちが考えだすセリフの予想例

ヒカルのセリフ例	受け入れる側（友達）のセリフ例
・一緒にまぜて	・うんいいよ
・何しているの	・こっちへ来いよ
・一緒に遊ぼうよ	・一緒に遊ぼうよ
・おーい，何してるの	・ゲームのこと話しているんだ，おいでよ

シート「一緒に遊びたい時」　　　　　月　　日　　　班

問1　みんなと遊べるようにするために，ヒカルはどう話しかけたらよいか，セリフを考えて，次に書いてください。

ヒカルのセリフ
受け入れる側（友達）のセリフ

問2　問1で考えたセリフを使って演じてみましょう。ヒカルや友達の役を交代して演じてみましょう。

問3　「一緒に遊びたい時」を学んで，これからどんな時に使えると思いましたか？　また感想も班で話し合って，次に書きましょう。

シート「一緒に遊びたい時」（記入例）　　　月　　日　　　班

問1　みんなと遊べるようにするために，ヒカルはどう話しかけたらよいか，セリフを考え て，次に書いてください。

ヒカルのセリフ
楽しそうだね。ぼくも仲間に入れてよ。
友達のセリフ
うん，いいよ。友達じゃないか。

問2　問1で考えたセリフを使って演じてみましょう。ヒカルや友達の役を交代して演じ てみましょう。

問3　「一緒に遊びたい時」を学んで，これからどんな時に使えると思いましたか？　また 感想も班で話し合って，次に書きましょう。

- そのひとことがなかなか言えないが，今日練習をしたので，よかった。
- 仲間に入りたい時は，話しかけていけばよいとわかった。
- 仲間に入りたいと言われたら，嫌がらずに一緒に遊ぶことはよいことだ。
- さみしそうにしている友達は，一緒に遊びたいのかもしれないので，これからはみん なに話しかけようと思いました。
- さみしそうな人がいるのはかわいそうです。

　同じ「断る」にしても，性被害は相手の気持ちに配慮する必要はありません。それよりも「逃げる」「きっぱりと断る」ことが大切です。

　性被害は，知らない人からだけでなく，身近な人から受けることが多いのです。近所の人，親戚の人，または親から受けることもあります。親しい人から体を触られたりしても，それが「親愛の情」なのか「いやらしいこと」なのか区別がつきにくいのです。

　「してはいけないこと」という認識がなければ，きっぱりと断るきっかけがつかめず，相手の思う通りにされて被害を受けてしまいます。性的ないたずらや虐待を防ぐために，「こんなことはきっぱりと断ってよい」ということを知らせるためにも，このような取り組みは大切です。

　また，このケースは大人の男性と男の子どもの例ですが，子どもを女の子に変えてもよいでしょう。

【本時の目的】　性被害を受けそうな時や嫌なことをされそうな時，それは断ってもよいことだと理解し，断ることができる。

【学 習 計 画】　「性被害から身を守る」

構成	学習活動	手だて・留意点など
導入	先生から，本時の授業の内容を聞き，モチベーションを高める。	本時の目的は「他の人から，嫌なことをされた時（されそうな時），どうすればよいか」であることを伝える。
展開	2人の先生が演じるロールプレイ1を見る。先生が「こんなことがあったら，どのようにしたらいいか」を問い，それに対して発言する。	ロールプレイ1のセリフは，男子児童と親戚の成人男性という設定になっているが，児童の状態により，女子児童にしてもよい。みんなの意見を出す中で，次の3つを取り上げ，板書などをしてこれが大切であることを伝える。 ・大きな声ではっきり拒否する ・逃げる ・大人に相談する
	先生の演じるロールプレイ2を見る。	みんなの意見から出た3つの大切なことを生かした演劇であることを伝えて，先生がロールプレイを演じ，見せる。
まとめ	自分にもそんなことがあったら，どう対処するか，意見を言う。	嫌なことや，いやらしいことをする相手は，男でも女でも，大人でも，子どもでも，親しい人でもありうることを伝える。

ロールプレイ1のセリフ （出演者：タクヤ，親戚のおじさん，父親）

おじさん「こんにちは，今日はパパとママはいないのかい？」

タクヤ「うん，買い物に行ったので，僕はお留守番なの」

おじさん「あがるよ」と玄関から部屋に入る。2人並んで椅子に座る。

おじさん「タクヤ，大きくなったな」と言って肩を抱こうとする。

タクヤは少し椅子を離す。

おじさん「離れなくていいよ。どれ，もっとこっちにおいで。おじさんの膝の上に乗りなさい。可愛がってあげるよ」

タクヤ「いいです」と小さい声で言う。

おじさん「小さいころは，一緒にお風呂に入ったね。今，一緒にお風呂に入ろうよ。どら，Tシャツを脱いでごらん」と脱がせようとする。

「ただいま」と玄関から父親の声がすると，おじさんは急に脱がせようとしていたのをやめて，服を元の通りにしようとする。

おじさん「今のことはパパ，ママには内緒だよ。2人の秘密にしようね」

ロールプレイ2のセリフ （出演者：タクヤ，親戚のおじさん，父親）

おじさん「こんにちは，今日はパパとママはいないのかい？」

タクヤ「うん，買い物に行ったので，僕はお留守番なの」

おじさん「あがるよ」と玄関から部屋に入る。2人並んで椅子に座る。

おじさん「タクヤ，大きくなったな」と言って肩を抱こうとする。

タクヤは少し椅子を離す。

タクヤ「おじさん，そんなことをしないで。やめて」と大声で言う。

おじさん「そんなこと言わなくても，おじさんとタクヤは仲良しだろ。前みたいに一緒にお風呂に入ろうよ」と服を脱がせようとする。

タクヤは逃げて，家の外に出る。

そこへ父親が帰って来る。

タクヤ「パパ，おじさんがへんなことをするんだ。だから逃げてきた。パパなんとかして」

14 とっさにお礼を言えない 　対象：小学校低学年，中学年

　親切にされた時，とっさにお礼を言えない子どもがいますが，それは悪意があって言えないのではないのです。緊張して言葉が出ない結果なのですが，親切を施した側は「なんだ，ニコリともしないで，お礼も言わないのか」と不愉快な気持ちになります。

　こんな場合，練習をしても，なかなか改善しにくいものです。しかし，ロールプレイで練習を積み重ねることによって，少しずつ身についていきます。あきらめずに，いろんな場面で練習をすることが必要です。

【本時の目的】　お礼を言わなくてはならない時，適切な言葉でお礼を言うことができる。

【学 習 計 画】　「とっさにお礼を言えない」

構成	学習活動	手だて・留意点など
導入	お礼を言えなくて困った経験，または，お礼を言われなくて気分が悪かった経験を発表させる。	「お礼を言う」意味について話をして，本時の授業の内容を知らせ，学習意欲を高める。
展開	ロールプレイ1を見る。	5〜6名の班に分ける。シートを各班に1枚ずつ配る。 ロールプレイは，主に先生が演じる。出演者の数が先生より多い場合は，子どもにも演じてもらう。
	「こんな時はどう言ったらいいか」をミキのセリフを考えて発表する。	班ごとに考えたセリフをシートの問1に記入させる。
	班ごとに話し合い，適切なセリフを決め，問2に従いロールプレイの練習をする。	ロールプレイの練習は，交代して全員が体験できるように配慮する。
	各班の代表が，皆の前でロールプレイを見せる。	皆の前でロールプレイをする人を決めさせる。
まとめ	本時の学習を，どのような時に使えるか，感想を話し合い，シートの問3に記入する。	感想を班ごとにシートの問3に記入させる。

出演者：重い荷物を持っているミキ，落とした荷物をひろってくれるタツヤ

ミキ「ああ，重たい。本（荷物）落ちそうだな」

ミキはバランスを失い，本（荷物）を１冊落としてしまう。

タツヤ「どうぞ」と落ちた本（荷物）を拾ってミキに渡す。

ミキ「…………」ミキは黙って歩いていく。

タツヤ「ミキはお礼を言わないで，失礼なヤツだな」

シート「とっさにお礼を言えない」　　　　月　　日　　　班

問1　タツヤがひろってくれたことへのお礼と，それに続くミキの返事のセリフを考えて，次に書いてください。

```
ミキのセリフ



```

問2　問1で考えたセリフを実際に使って演じてみましょう。ミキやタツヤの役を体験できるように，交代して演じてみましょう。

問3　今日の「とっさにお礼を言えない」の学習の感想や，これからどんな時に使えそうかを，次に書きましょう。

```




```

シート「とっさにお礼を言えない」（記入例）　　　月　　日　　　　班

問1　タツヤがひろってくれたことへのお礼と，それに続くミキの返事のセリフを考えて，
　　　次に書いてください。

```
ミキのセリフ

         ┌ ・助かったわ。
ありがとう。│ ・サンキュー。
         └ ・ひろってくれてよかった。
```

問2　問1で考えたセリフを実際に使って演じてみましょう。ミキやタツヤの役を体験で
　　　きるように，交代して演じてみましょう。

問3　今日の「とっさにお礼を言えない」の学習の感想や，これからどんな時に使えそう
　　　かを，次に書きましょう。

・今まで親戚の人からお小遣いをもらった時，恥ずかしそうにして，ちゃんとお礼を言
　えなかったが，これからはしっかりと言おうと思う。
・お礼を言われないと，嫌な気持ちになることがわかった。
・これからはちゃんとお礼を言います。

15 約束を守れなくなった

　約束したことは守ることが大切です。それが周囲からの信頼を得ることにつながるからです。約束を破られたら，人は，嫌な思いや残念な思いをします。約束を守れなくなった時どうすればよいか，また破ってしまった時どうしたらよいのか，約束を破られた相手の気持ちなど相手の立場にたって考えられるようになることをめざします。

【本時の目的】　約束を破った時の相手の気持ちを想像することができる。約束を破りそうになった時に適切な対応ができる。約束を破った時，謝ることができる。

【学 習 計 画】「約束を守れなくなった」

構成	学習活動	手だて・留意点など
必要に応じて，アイスブレーキングなどで緊張をほぐし，実施する。（p.89参照）		
導入	約束を破られた時，破った時の経験を発表する。 ・長く待たされて，とっても嫌だった ・約束を破ってから，その友達が前より仲良しではなくなった	「約束を守れなくなった」を学ぶ目的をはっきりさせ，動機づけする。
展開	ロールプレイ1を見る。	5〜6人の班に分け，各班に1枚ずつシートを配る。ロールプレイ1は，先生が中心になって演じ，見せる。出演者の数が先生より多い場合は，子どもにも演じてもらう。
	この時の，マナブとユウキの気持ちを班で話し合い，シートの問1に記入する。	班での話し合いの結果を，シートの問1に記入させる。
	翌日，ユウキはマナブにどう言って謝ればよかったのか，セリフを班で考える。	謝る時のセリフを考えさせ，結果をシートの問2に記入させる。
まとめ	これから約束を守れないことがあったら，どのように行動すればよいかを班で話し合い，結果をシートの問3に記入する。	班での話し合いの結果を，シートの問3に記入させる。

（出演者：マナブ，母親，ユウキ）

マナブ「今日，学校が終わってからユウキの家に行っていいかい？　またゲームしようよ」

ユウキ「うんいいよ。じゃあ家で待ってるね」

マナブが家に帰ると，母親が待っていました。

母親「今からショッピングセンターに行くので，早く車に乗って。約束していた新しいサッカーシューズを買ってあげるから」

マナブは（ユウキと約束したけど）と思い出しましたが，母親が急がせたので，何の連絡もせずに母親の運転する車に乗って買い物に行きました。

一方，ユウキは家で待っていましたが，いくら待ってもマナブは来ません。それで，マナブの家に電話をしましたが，誰も電話に出てきません。

―翌日学校の靴箱のところで―

マナブが友達にサッカーシューズの自慢をしているところへ，ユウキが来ました。

ユウキ「マナブ，昨日ずっと待っていたんだよ。電話もしたのに通じなくて。どうしたの」

マナブ「ああ，ごめん，お母さんが急に『買い物に行く』と言ったので，どうしようもなく買い物に行ったんだ。許せ，許せ。それより，このサッカーシューズその買い物で買ってもらったんだ。カッコいいだろ」

シート「約束を守れなくなった」　　　　　年　　組　　名前

問1　マナブとユウキのロールプレイ1を見て，2人の気持ちを考えて次に書いてください。

> もしあなたがマナブだったらと想像して，マナブの気持ちを書いてください

> もしあなたがユウキだったらと想像して，ユウキの気持ちを書いてください

問2　この時（朝登校した時），マナブはどう言えばよかったと思いますか？　班で話し合い，セリフを考えてください。

> ユウキ「マナブ，昨日待っていたんだよ。なぜ来なかったの」
>
> マナブ「
>
> 　　　　　　　　　　　　　　　　　　　　　　　　　　　　　　　」

問3　「前に約束を守れなくなったこと」「これから約束を破った時どうするか」などについて班で話し合ってみましょう。そして，あなたが感じたことを，次に書きましょう。

シート「約束を守れなくなった」（記入例）　　年　　組　　名前

問1　マナブとユウキのロールプレイ1を見て，2人の気持ちを考えて次に書いてください。

> もしあなたがマナブだったらと想像して，マナブの気持ちを書いてください
>
> 約束を守らなかったのは，ユウキにちょっと悪かったけど，あの場合母親が急がせたのだから仕方なかっただろう。

> もしあなたがユウキだったらと想像して，ユウキの気持ちを書いてください
>
> いくら母親が急がせたからといって，約束をすっぽかしたのはおかしいだろう。電話くらいするのが常識だろう。待ちぼうけをした自分の気持ちも考えてほしい。それなのに，ろくに謝らずに，靴の自慢をするなんてひどい。もうマナブとは遊ぶのは嫌だ。

問2　この時（朝登校した時），マナブはどう言えばよかったと思いますか？　班で話し合い，セリフを考えてください。

> ユウキ「マナブ，昨日待っていたんだよ。なぜ来なかったの」
> マナブ「昨日は約束を破ってごめんね。行けないと連絡をするべきだったね。母親が急がせるので，つい忘れてしまったんだ。許してくれ。次からはもうこんなことはしないよ」

問3　「前に約束を守れなくなったこと」「これから約束を破った時どうするか」などについて班で話し合ってみましょう。そして，あなたが感じたことを，次に書きましょう。

> ・約束を破った人は気楽に考えているけど，破られた人は悲しくてくやしいのがわかった。
> ・ちゃんと謝ればもう少しまし，ユウキも腹を立てなかったと思う。
> ・どんなことがあっても電話はするべきだ。
> ・買い物から帰って来てからでも，謝りの電話をすればよかったのに。
> ・自分は約束が守れなくなったら，ちゃんと連絡することと，謝ることは忘れないでおこうと思った。

16 批判や非難をされた時の対応

批判や非難をされた時，私達はどう対応しているでしょうか。「反発する」「弁解する」「とりあえず謝る」と様々でしょうが，批判や非難の内容を受け止められずに，ただ反発し，怒ってばかりいると，「せっかく教えてあげても，聞く耳を持たないヤツ」と思われます。また「すぐ謝る」ことばかりしていると，「言いなりになるヤツ」と思われ，ささいなことで批判されたり，いじめにつながったりします。

批判や非難の内容には自分にとってありがたいものもあるので，内容をよく見きわめて対応することが必要となります。

批判や非難をされた時のフローチャート

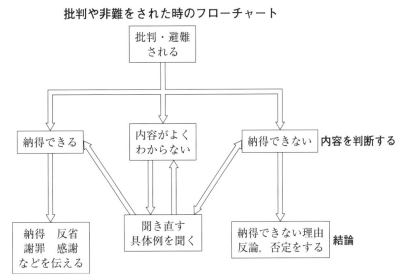

批判・非難に納得できない時

言われた批判に思い当たることがない場合は，それを率直に言います。なるべく，感情的ではなく「自分はそう思っていない。理由は」と伝えることです。そして，気にしないことです。

批判や非難の例		納得できず，聞きなおしたり，否定する
おまえはいつも卑怯だ。	→	さっきは，そうだったかもしれないけど，いつもはちゃんとしていますよ。
君はいつもだらしないな。	→	私はそう思いません。どんなことからそう言うのですか？
あなたは意地悪なことばかりしているね。	→	それは，昨日のことを言っているのですか？　昨日私がそれをしたのは，○○だったからですよ。決してあなたに意地悪しようとしたのではないですよ。

| ケンカばかりしているね。 | → | ケンカばかりしていると言われたけど，言われたことに納得できなかったからです。いつもケンカをしているわけではありません。 |
| いつも，行動が遅いので，班のみんなが迷惑しているよ。 | → | 「行動が遅い」と思われているんだ。確かに遅いかもしれないが，これでも私としてはできるだけ急いでいるんですよ。 |

批判や非難に納得できる時

　相手の言うこと，自分の落ち度や欠点を認めます。言い訳に終始せず，反省してこれからどうするか，などを話します。自分の落ち度などを認めると，自分の発言が受け入れられたとわかり，相手も納得しやすくなります。また，卑屈にならずに，謝ること。言いたいことがあれば自己主張も入れます。

批判や非難		納得したので，反省したり，改善することを伝える
おまえはいつも卑怯だ。	→	卑怯だったかもしれませんね。これからもこんなことがあったら，注意してくださいね。
君はいつもだらしないな。	→	私もそう思います。だらしなくないようにするには，どこに気をつけたらよいでしょうか。教えてください。
あなたは意地悪なことばかりしているね。	→	意地悪をしたと思われても仕方がないですね。これからはもっと注意して行動しますね。
ケンカばかりしているね。	→	そうなんだ。すぐにカーッときて，手が出ちゃうんだ。先生からも，親からも言われているので，気をつけているんだ。だんだんと手でなく，口で言えるようになるように頑張るよ。
いつも，行動が遅いので，班のみんなが迷惑しているよ。	→	そうだね，ごめんね。私が要領が悪いので，本当にごめん。急ごうとすればするほど，あせってしまってうまくできなくなるの。

批判や非難の内容がよくわからない時

　「それは具体的にどんな事柄のことを言ってますか？　説明してください」「もう一度わかりやすく言ってください」などと聞きなおします。

17　批判や非難をされた

対象：小学生

【本時の目的】　いわれのない批判や非難をされた時，その批判や非難が不当であることを
　　　　　　　　主張するなどして適切に対応できる。

【学習計画】　「批判や非難をされた」

構成	学習活動	手だて・留意点など
必要に応じて，アイスブレーキングなどで緊張をほぐし，実施する。（p.89参照）		
導入	友達から批判や非難をされた経験を発表する。	本時の「批判や非難をされた時にどう対応するか」という目的をはっきりさせ，動機づけする。
展開	ロールプレイ1を見る。	5～6人の班に分け，各班に1枚ずつシートを配る。ロールプレイ1を先生が中心になって演じ，見せる。出演者の数が先生より多い場合は，子どもにも演じてもらう。
	この時の，ユカとアオイの気持ちを班で話し合い，シートの問1に記入する。	シートの問1に記入させる。
	ロールプレイ2を見る。	ロールプレイ2を先生が中心になって演じ，見せる。出演者の数が先生より多い場合は，子どもにも演じてもらう。
	この時の，ユカとアオイの気持ちを班で話し合い，シートの問2に記入する。	シートの問2に記入させる。ユカが意地悪でアオイを批判していることに気づかせる。
まとめ	いわれのないことで批判された時は，これからどう対応したらよいか，班で考え，シートの問3に記入し，発表する。	シートの問3に記入させる。納得できない批判には，どう対応したらよいか，考えさせる。

ロールプレイ1のセリフ（出演者：ユカ，アオイ）

ユカ「アオイ！　今日の服は赤で派手だね。いつもアオイは派手で自分だけ目立とうとして，ずるいね」

アオイ「あら，赤って目立つかしら。この服の色が好きだから着てきたけど，もうこの服を着てくるのはやめるわ」

ロールプレイ2のセリフ（出演者：ユカ，アオイ）

ユカ「アオイ！　今日の服は赤で派手だね。いつもアオイは派手で自分だけ目立とうとして，ずるいね」

アオイ「ユカ，私は色の中でも赤い色が好きなの。決して目立とうとしているんではないの。もし私が目立つのがずるいなら，ユカも赤い服を着たらどう？」

ユカ「別に私は，赤い服を着ているのをダメと言ってるのではないの。ただあまりきれいな色だから，びっくりしたの。ごめん，もう言わないよ」

シート「批判や非難をされた」　　　　　月　　日　　　班

問1　ロールプレイ1を見て，次の問に答えましょう。

ユカはどんな気持ちでアオイの洋服のことを言ったのでしょうか。想像して書きましょう
言われたアオイはどんな気持ちだったでしょうか？　想像して書きましょう

問2　ロールプレイ2を見て次の問に答えましょう。

ユカはどうして「ごめん，もう言わないよ」と言ったのでしょうか。想像して書きましょう
アオイはどんな気持ちでユカの言葉に反論したのでしょうか？　想像して書きましょう

問3　人から持ち物のことや，行動のことでいろいろと言われた時，どんな点に注意して答えたらよいのか，班で話し合い，次に書きましょう。

シート「批判や非難をされた」（記入例）　　　　月　　日　　　　　班

問1　ロールプレイ1を見て，次の問に答えましょう。

ユカはどんな気持ちでアオイの洋服のことを言ったのでしょうか。想像して書きましょう

赤い洋服がうらやましかったのかもしれない。ねたましく思ったから言ったのかもしれない。

言われたアオイはどんな気持ちだったでしょうか？　想像して書きましょう
ユカの言ったことに「そうかもしれないな」と感じた。目立つのならよくないな，これから気をつけようと思った。

問2　ロールプレイ2を見て次の問に答えましょう。

ユカはどうして「ごめん，もう言わないよ」と言ったのでしょうか。想像して書きましょう

意地悪な気持ちでアオイの服のことを言ったけれど，アオイが堂々と自分の意見を言ったので，いいかげんなことは言っては駄目だなと意地悪な気持ちを反省した。

アオイはどんな気持ちでユカの言葉に反論したのでしょうか？　想像して書きましょう
ユカの言葉に納得できなかった。赤い服を着ていたからといって，目立ちたいから着たのではないという気持ちをしっかり持っていたので，自分の思うことをはっきりと伝えた。

問3　人から持ち物のことや，行動のことでいろいろと言われた時，どんな点に注意して
　　　答えたらよいのか，班で話し合い，次に書きましょう。

・相手の言葉に驚かない（動揺しない）ようにする。
・自分の考えをはっきりと伝える。
・納得できないことには従わないようにする。
・批判された時は，よく考えて発言する。
・行動を批判されたら，どんな気持ちからそのような行動をしたのか，冷静に考える。
・怒って発言しないで，冷静に対応する。

18　相手と意見が違う

対象：小学校高学年以上

　相手と違う意見を言いたい時，どう言ったらよいでしょうか。相手が言っている途中で，それをさえぎって主張しているのをよく見かけます。違う意見を言いたくて，相手の言葉が終わるまで待てないで，言葉をさえぎってしまうのでしょう。これだと，さえぎられた相手は嫌な気持ちがします。それでさえぎった人を「違う意見を持っている相手」と認識するのではなく，「失礼なヤツ」と思い，意見の違いよりも感情的に反応してしまいがちです。

　また，違う意見を持っていても，それを言わずに我慢してしまうこともあります。これだと波風はたちませんが，我慢した人は自分の気持ちを抑えているので，しだいに苦しくなってきます。この学習では，違う意見を，相手を不愉快にさせることなく主張できるスキルを身につけます。

【本時の目的】　相手と意見が違った時，相手の意見に迎合することなく，相手を怒らせずに適切に自分の意見を主張できる。

【学 習 計 画】「相手と意見が違う」

構成	学習活動	手だて・留意点など
必要に応じて，アイスブレーキングなどで緊張をほぐし，実施する。(p.89参照)		
導入	相手と意見が違った経験を発表する。 ・３人でTシャツを買いに行き，１人が「３人で同じシャツにそろえよう」と言ったが，私はその柄が嫌で「別々がいい」と言った。雰囲気が悪くなり「我慢しておそろいにすればよかったかな」と後悔した。 ・班ごとの研究で何を調べるか話し合った。自分は昆虫の研究をしたかったが，それは発言できず，多くの人が交通量の調査がよいと言ったので，それに決まった。でも興味が持てない。自分の意見を言えばよかった。	「意見が違う時どう言ったらよいか」を学ぶという目的をはっきりさせ，動機づけする。 意見が違う時にありがちなこと。 ・違う意見を言って嫌われた ・自分は何も言わずにいてつらかった

展開	ロールプレイ1を見る。	5～6人の班に分け，各班に1枚ずつシートを配る。ロールプレイ1は，先生が中心になって演じ，見せる。出演者の数が先生より多い場合は，子どもにも演じてもらう。
	ロールプレイ1を見て，こんな時，アイはどう言ったらケンカにならずに，お互い嫌な気持ちにならないのか，セリフを各班で話し合い，シートの問1に記入する。それを各班で演じる。各班のロールプレイをみんなの前で見せる。	アイのセリフを班で考えて，シートの問1に記入させる。
	相手と違う意見を言いたい時は，どんなことに注意して発言すればよいか班で話し合い，シートの問2に記入し，その結果を発表する。	シートの問2に記入させる。
まとめ	感想を話し合い，シートの問3に記入する。	シートの問3に記入させる。

ロールプレイ1のセリフ （出演者：ツヨシ，アイ）

クラス会で，お楽しみ会で何をするか話し合っていました。ツヨシは体が大きく，乱暴者で体育が得意で，クラスのボス的な男子です。アイは気は強いのですが体育が苦手です。いつもツヨシと張り合っています。

ツヨシ「僕はお楽しみ会にはマラソンをすればよいと思います。子どもは強い体づくりが必要です。そのためにもマラソンはよいと思います。校庭を50周くらい回るとよいかなと」

アイはツヨシの意見をさえぎって発言。

アイ「何言ってるのツヨシ！　自分勝手だね。お楽しみ会は，みんなが楽しく参加できなくてはいけないでしょ。それなのに，マラソンなんて。楽しむのはツヨシだけだよ。マラソンなんて最悪な意見出さないでよ！」

ツヨシ「何言ってんだよ。女のくせに，生意気だぞ！」

アイ「その言い方は何，ツヨシ横暴よ」

ツヨシはアイに近づき，アイを突き飛ばす。

シート「相手と意見が違う」　　　月　　日　　班

問1　こんな時，アイはどのように言ったら，ケンカにならずに自分の気持ちをツヨシに伝えられるか。そのセリフを考えて次に書いてください。

> ツヨシ「僕はお楽しみ会にはマラソンをすればよいと思います。子どもは強い体づくりが必要です。そのためにもマラソンはよいと思います。校庭を50周くらい回って，タイムを計って壁に貼るのも楽しいと思います」
>
> アイ「

問2　相手と違う意見を言いたい時は，どんなことに注意して発言すればよいでしょうか。

問3　今日の学習の感想を班で話し合って，次に書きましょう。

シート「相手と意見が違う」（記入例）　　　　　月　　日　　　　　班

問1　こんな時，アイはどのように言ったら，ケンカにならずに自分の気持ちをツヨシに
　　　伝えられるか。そのセリフを考えて次に書いてください。

> **ツヨシ**「僕はお楽しみ会にはマラソンをすればよいと思います。子どもは強い体づくり
> が必要です。そのためにもマラソンはよいと思います。校庭を50周くらい回って，タイ
> ムを計って壁に貼るのも楽しいと思います」
> **アイ**「ツヨシ君の言う通り体力は必要ですね。でも，マラソンだと苦しくてついていけ
> ない人がいると思います。そうすると，お楽しみ会ではなく苦しみ会になりそうです。
> お楽しみ会はクラス全員が楽しめそうなものがいいと思います」

問2　相手と違う意見を言いたい時は，どんなことに注意して発言すればよいでしょうか。

> ・相手が意見を言っている時に，自分の意見を言わない。
> ・意見は途中でさえぎらない。
> ・相手の意見の良い点を認める（ツヨシ君の言う通り，体力は必要ですね）。
> ・怒り口調ではなく，冷静に意見を言う。
> ・言ってもよいのは相手の意見についてであって，相手の人格を否定するようなこと（自
> 分勝手だね）（女のくせに生意気）（ツヨシ横暴よ）などは言わない。
> ・反対の理由は冷静に伝える（マラソンだと，ついていけない人がいると思う）

問3　今日の学習の感想を班で話し合って，次に書きましょう。

> ・相手のことを馬鹿にしたりすると相手が怒ってケンカになりやすいことがわかった。
> ・相手の意見の良い点を認めると，相手が「自分の意見も良い点があると認められた」
> と思って，冷静に対応できるなと思った。
> ・強く言わなくても，言いたいことが言えるとわかった。
> ・反対の理由はちゃんと言うのがよいとわかった。
> ・ケンカしなくても反対意見は言えるとわかった。

19　友達の幸運を喜ぶ

対象：小中学生

　友達の幸運を一緒に喜ぶことはたいへん難しいものです。昔から「ひとの不幸は蜜の味」ということわざがある通り，他人の幸福より，不幸の方が同調しやすいと言えます。しかし，立場が逆転して，幸運の主が自分になると，「自慢したい」「ひとに祝ってもらいたい」という気持になります。

　「他人の幸運をねたむ」から「他人の喜びを一緒に喜ぶ」ことができるようになると，おおげさに言うと「違った人格」になったとも言えます。

　ひとのことを心から喜ぶことはすぐには難しいでしょう。

　しかし子どもに何も働きかけないでいると，「他人の幸運をねたむのは当たり前」になることが多いので，ここで「ひとの幸運を喜ぶことができる」意味を考える機会を作ってみましょう。

【本時の目的】　とかくねたんだりしやすい友達の幸運を，ねたむことの意味を知り，喜んであげることができる。

【学習計画】　「友達の幸運を喜ぶ」

構成	学習活動	手だて・留意点など
必要に応じて，アイスブレーキングなどで緊張をほぐし，実施する。（p.89参照）		
導入	友達が幸運を得た時，どんな気持ちになったか，経験を発表し，本時の内容について理解する。	「友達の幸運をねたんだ」という経験が出にくかったら，教員の経験として，友達の幸運を素直に喜んであげられなかった経験と後悔を話す。
展開	セリフを参考に，友達が幸運を得た時のロールプレイ１を見る。	５～６人の班に分け，シートを各班に１枚ずつ配る。ロールプレイ１は，先生が中心になって演じ，見せる。出演者の数が先生より多い場合は子どもにも演じてもらう。

	ロールプレイ1を見て，ケンタとリョウの気持ちをシートの問1に記入し，発表する。	2人の気持ちをシートの問1に記入させる。
	リョウがどういう態度を取ればよかったか話し合い「こうすればよかった」というセリフを考え，シートの問2に記入し，班ごとに演じる。	シートの問2に班ごとに決めたセリフを記入させる。 各班のロールプレイ練習は，全員が経験するように配慮する。各班のロールプレイをみんなの前で発表させる。
	ケンタのラッキーを喜んであげるロールプレイをした時のリョウの気持ちを班で話し合い，問3に記入し，発表する。	シートの問3に記入させる。 リョウが嫉妬の気持ちを表さず，友達の喜びを一緒に喜んであげることは，最初は無理していたが，最後には素直な気持ちになれることに気づかせる。
まとめ	今日の授業で学んだ感想と，今日学んだことをどうしたら生かしていけるか班で話し合い発表する。	シートの問4に記入させる。

ロールプレイ1のセリフ （出演者：ケンタ，リョウ）

ケンタとリョウは話をしながら下校している。

ケンタ「おい，リョウ喜んでくれ。今度の日曜にディズニーシーに連れて行ってもらえることになったんだ。それにおじいちゃんから，新しいゲームソフトを買ってもらえるし。いいだろう」

リョウ「うん」

ケンタ「お前，何だか元気ないな。うらやましいのか」

リョウ「そんなことない。僕，もう行くから」

ケンタ「あれ！　今日は一緒に遊ぶ約束だったろう」

リョウ「もう，お前なんかと遊びたくない！」と走り去る。

ケンタ「あれ！　僕なんかケンタに悪いこと言ったかな？」

リョウ「ああ！　ケンタと遊べなくなってしまった。なぜ，あんなこと言って，遊ぶのを断ったんだろう。僕はつまらない男だな」

シート「友達の幸運を喜ぶ」　　　　年　　組　　名前

問1　どうしてリョウは怒ったのか，リョウの気持ちを次に書いてください。

```




```

問2　リョウはどう言えばケンタのことを喜んであげられるか，セリフを考えてください。

ケンタとリョウは話をしながら下校している。

ケンタ「おい，リョウ喜んでくれ。今度の日曜にディズニーシーに連れて行ってもらえることになったんだ。それにおじいちゃんから，新しいゲームソフトを買ってもらえるし。いいだろう」

リョウ「うん」

ケンタ「お前，何だか元気ないな。うらやましいのか」

リョウ「

```




```

問3　ケンタのラッキーを一緒に喜んであげられたことで，リョウはどんな気持ちになったか想像して，次に書いてください。

```




```

問4　今日学んだことの感想とこれからどう生かせるか，話し合って，次に書きましょう。

```




```

シート「友達の幸運を喜ぶ」（記入例）　　　年　　組　　名前

問1　どうしてリョウは怒ったのか，リョウの気持ちを次に書いてください。

> リョウは，ケンタばかりよいことがあり，うらやましかった。そんなケンタがにくらしくなった。

問2　リョウはどう言えばケンタのことを喜んであげられるか，セリフを考えてください。

> ケンタとリョウは話をしながら下校している。
>
> **ケンタ**「おい，リョウ喜んでくれ。今度の日曜にディズニーシーに連れて行ってもらえることになったんだ。それにおじいちゃんから，新しいゲームソフトを買ってもらえるし。いいだろう」
>
> **リョウ**「うん」
>
> **ケンタ**「お前，何だか元気ないな。うらやましいのか」
>
> **リョウ**「そんなことない。ケンタ，よかったな」
>
> **ケンタ**「リョウ，喜んでくれてありがとう。うれしいよ」
>
> **リョウ**「いいな，ラッキーだね」
>
> **ケンタ**「お土産買ってくるね。ゲームも一緒にやろう。今日も仲良くしようね」
>
> **リョウ**「うん，じゃあ，宿題やったら遊ぼうね」

問3　ケンタのラッキーを一緒に喜んであげられたことで，リョウはどんな気持ちになったか想像して，次に書いてください。

> 人のラッキーをねたむのではなく，喜んであげられてよかったと思った。ケンタの気持ちをわかってあげられてよかったと思った。

問4　今日学んだことの感想とこれからどう生かせるか，話し合って，次に書きましょう。

> ・人の幸運をねたまずに喜んであげられる自分になれればよいなと思った。
> ・人の幸運を喜んであげるのは難しいけど頑張ろうと思った。
> ・自分もラッキーだったことは人に聞いてほしいし，喜んでほしいので，相手の気持ちを考えることも必要だと思った。
> ・自分のラッキーは相手の気持ちを考えて，あまり嬉しそうにしない方がよいと思った。

20　よその家に行った時のあいさつ

対象：小学生

　友達の家に遊びに行く時，玄関に誰もいない時など，黙って家に入って友達の部屋に入ってしまう子どもがいます。親が知らない間に，よその子どもが自宅に入るのですから，親は驚きます。子どもは友達の親の気持ちを推し量ることはできないので，こんなことが起こるのでしょう。

　このエクササイズでは，あいさつの仕方を練習しますが，他人の気持ちを想像する練習もできます。

【本時の目的】　よその家に行った時あいさつができる。あいさつをせずに家に入った時の家の人の気持ちを想像することができる。

【学習計画】　「よその家に行った時のあいさつ」

構成	学習活動	手だて・留意点など
必要に応じて，アイスブレーキングなどで緊張をほぐし，実施する。（p.89参照）		
導入	友達の家に遊びに行った時には，どんなあいさつをして家に入るか発表する。	いつもどんなあいさつをして，よその家に入るか思い出させる。
展開	ロールプレイ１を見る。	５～６名の班に分け，各班に１枚ずつシートを配る。 ロールプレイ１は，先生が中心になって演じ，見せる。出演者の数が先生より多い場合は，子どもにも演じてもらう。
	タイチの母親はなぜ驚いたのでしょうか。班で話し合い，シートの問１に記入しましょう。	驚いた理由をシートの問１に記入させる。
	ハルトは，タイチの家でどんな風にあいさつをすればよかったか，班で話し合い，シートの問２に記入し，練習をしてみましょう。	あいさつの言葉と，声の大きさや態度などを考えさせ，シートの問２に記入させる。 あいさつの練習は，大きな声でできているか。堂々とあいさつしているかなど，班で全員にさせる。

まとめ	これからよその家に行った時にはどんなことに気をつければよいかなど，今日の学習の感想を話し合い，シートの問3に記入しましょう。	シートの問3に記入させる。

ロールプレイ1のセリフ （出演者：ハルト，タイチの母親）

友達の家の玄関を入る。

ハルト「あのー」と小さい声で言うが，誰も出てこない。

ハルト「あれ？　誰もいないのかな。………おかしいな。………どうしようかな。………しかたないな，あがっちゃえ」と言って，玄関から家に入り階段を上がる。

タイチの母親「あら，誰か来たのかしら？　あら，2階に誰かが上がっていくわ。誰だろう，泥棒かしら。タイチの部屋に行くわ」と言って，ホウキを持って泥棒らしき人を追って階段を上る。

タイチの母親「あら，あれはハルト君だわ。あいさつもしないで。ハルト君の家ではどんなしつけをしているのかしら，お行儀が悪い子だね」

シート「よその家にいった時のあいさつ」　　　月　日　　班

問1　タイチのお母さんは，どうして驚いたのでしょうか。なぜか理由を考えて，次に書きましょう。

```



```

問2　ハルトは，タイチの家でどんなあいさつをすればよかったか，班で話し合ったことを次に書きましょう。どんな言葉であいさつをするか。どんな声の大きさであいさつするかを書きましょう。

```



```

問3　これからよその家に行った時にはどんなことに気をつければよいかなど，今日の学習の感想を話し合い，次に書きましょう。

```



```

67

シート「よその家に行った時のあいさつ」（記入例）　　月　　日　　　　班

問1　タイチのお母さんは，どうして驚いたのでしょうか。なぜか理由を考えて，次に書きましょう。

・お母さんには，ハルトの声が聞こえず，泥棒だと思ったから。
・ハルトが家の人の許可を得ないで，2階に上がったから。
・不審者みたいだから。

問2　ハルトは，タイチの家でどんなあいさつをすればよかったか，班で話し合ったことを次に書きましょう。どんな言葉であいさつをするか。どんな声の大きさであいさつするかを書きましょう。

・声は大きく「ごめんください」と言う。
・誰も出てこなかったら，大きな声であいさつして待っている。
・家に上がる時，きっぱりと「失礼します」と上がる。

問3　これからよその家に行った時にはどんなことに気をつければよいかなど，今日の学習の感想を話し合い，次に書きましょう。

・今まで，よその家のお母さんの気持ちを考えたことがなかった。自分が不審者のように思われることもあるとわかった。
・今日はよい勉強になった。
・大きな声であいさつをすると，どうどうとして気持ちがよい。
・これからはよその家に行く時は，大きな声でしっかりとあいさつをしようと思う。
・あいさつの大切さがわかった。
・家の人が知らないで，その家に入るのはよくない。ちゃんとことわってあいさつしようと思う。

21　怒りについて学ぶ

　怒りの原因はどんなことでしょうか。怒る時のセリフは「相手が悪い」「自分はこうしたいのにできない」「なぜ自分のことをわかってくれないんだ」「なぜ相手は自分の言う通りに動かないんだ」などとなります。つまり怒りは「周囲や相手が自分の意のままにならない事態に不愉快になる」という内容です。

　次のページの「**図　怒りを持った時の対処**」にあるように，その不愉快な感情を，リラックス法でしずめたり，さわやかに相手に伝えられたりできれば，問題は起きません。

　しかしそれができず，怒りを言葉や行動で物や人にぶつけることがあります。それが「暴力的行動」（暴力，腹いせ，言葉による攻撃など）です。

　また反対にその怒りを無理に我慢することもあります。我慢を続けると苦しくなり，怒りを自分にぶつける「自傷行動」（ストレスで自分を苦しめたり，リストカットなどの行動がこれにあたります）をしたり，精神症状（ウツや摂食障害や心身症など）につながることもあります。

　暴力的行動や自傷行動は，「この嫌な気持ちを理解してほしい」という悲鳴の表れでもあるのですが，暴力的行動や自傷行動をしても周囲に理解してもらえるわけではありません。むしろそれらの行動をとることで，友達を失ったり，「いやな子」「暴力的な子」として非難されたり，「危険な人」という烙印を押されたりして，よけいに困ったことになります。

　このプログラムでは，子どもたちが「怒り」とは何かを理解し，その気持ちをどのように表現したり，解消したりすればよいのかについて学びます。

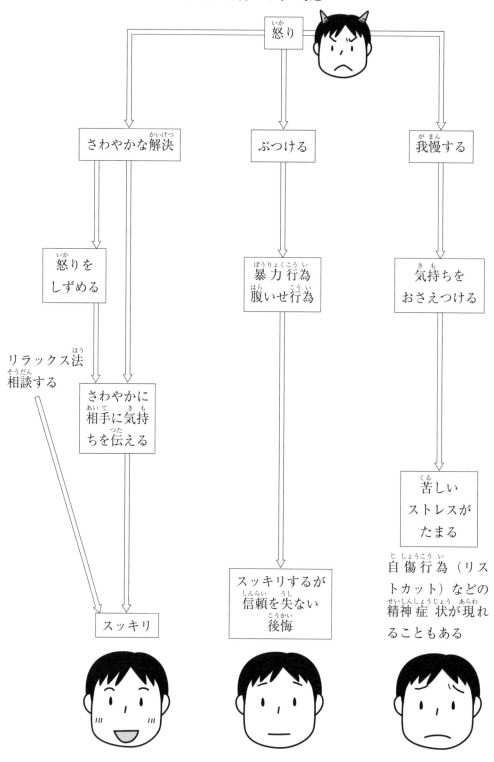

図　怒りを持った時の対処

怒り

さわやかな解決　　　ぶつける　　　我慢する

怒りをしずめる　　　暴力行為　腹いせ行為　　　気持ちをおさえつける

リラックス法
相談する

さわやかに相手に気持ちを伝える

苦しいストレスがたまる

スッキリ

スッキリするが信頼を失ない後悔

自傷行為（リストカット）などの精神症状が現れることもある

22　怒りの学習1　怒りとは何か　　対象：全年齢

【本時の目的】　怒った時に，怒りの心の底には相手を動かしたい気持ちがあることを知り，
　　　　　　　怒った時にどう対処したらよいのか適切な方法を考えることができる。

【学 習 計 画】　怒りの学習1「怒りとは何か」

構成	学習活動	手だて・留意点など
導入	自分が経験した怒りと，その怒りの後どうしたかについて発表する。	怒りについて学ぶことを伝え，本日の学習の動機づけをする。怒ることで問題は解決せず，むしろ困った事態になることに気づかせる。
展開	怒りについて，ロールプレイ1を見る。どうして怒っているのか，アヤカの気持ちを想像してシートの問1に記入する。	5～6名の班に分け，シートを各班に1枚ずつ配る。先生が中心になってロールプレイ1を演じ，見せる。アヤカの怒りの原因は，サキが遅れたことであるが，その心の根底には，「相手を自分の思う通りに動かしたい」という気持ちがあることに気づかせる。
	これからもサキとの関係を良好に保つためには，アヤカはどう言えばよかったか，セリフを考え，シートの問2に記入し，発表する。班で考えたセリフで，ロールプレイ練習をして，班の代表がみんなの前で発表する。	班ごとに作ったセリフをシートの問2に記入させる。班の代表がロールプレイをして見せる。
まとめ	「怒りを持った時の対処」の図を用いて，怒りの処理方法について理解する。今日の学習で学んだ，「これから怒りを持った時どうしたらよいか」大切だと思ったことを，みんなで話し合って，シートの問3に記入する。	「怒りを持った時の対処」で，怒った時の対処のよい方法があることに気づかせる。シートの問3に記入する。

ロールプレイ1のセリフ （出演者：アヤカ，サキ）

アヤカはサキと待ち合わせをして毎朝登校しています。待ち合わせの時間は7時40分です。アヤカは約束の5分前には待ち合わせの場所に行きますが，サキは支度が遅くて，いつも5分以上遅れてきます。今日も7時45分になっても来ません。

アヤカ「ああ！　今日も遅いな。これだと遅刻しそう」

7時50分頃になってやっと，サキの姿が見えました。ニコニコ笑いながらゆっくりと歩いてきました。

サキ「アヤカ，今日もいい天気だね。さあ行こうよ」

アヤカ「あのね。遅れてきて，謝りもしないで，サキって非常識。もうあんたとは一緒に行かない！」

と，言って，一人でアヤカは走って学校に行ってしまいました。

アヤカ「あんなに怒ったので，サキとはこれでもう遊べなくなる。困ったな」

シート「怒りとは何か」   年　　組　名前

問1　どうしてアヤカは怒ったのか，アヤカの気持ちを想像してください。

```
┌─────────────────────────────────────────┐
│                                         │
│                                         │
│                                         │
│                                         │
│                                         │
└─────────────────────────────────────────┘
```

問2　怒らないで，これからもサキとの関係を良好に保つためには，アヤカはどう言えば
よかったか，セリフを考えてください。

```
┌─────────────────────────────────────────┐
│ アヤカはサキと待ち合わせをして毎朝登校しています。待ち合わせの時間は7時40分で │
│ す。アヤカは約束の5分前には待ち合わせの場所に行きますが，サキは支度が遅くて， │
│ いつも5分以上遅れてきます。今日も7時45分になっても来ません。          │
│ アヤカ「ああ！　今日も遅いな。これだと遅刻しそう」                │
│ 7時50分頃になってやっと，サキの姿が見えました。ニコニコ笑いながらゆっくりと歩 │
│ いてきました。                                  │
│ サキ「アヤカ，今日もいい天気だね。さあ行こうよ」                │
│ アヤカ「                                    │
│                                         │
│                                       」 │
└─────────────────────────────────────────┘
```

問3　今日の学習で学んだ，「これから怒りを持った時どうしたらよいか」大切だと思っ
たことを班で話し合い，次に書きましょう。

```
┌─────────────────────────────────────────┐
│                                         │
│                                         │
│                                         │
│                                         │
│                                         │
│                                         │
└─────────────────────────────────────────┘
```

シート「怒りとは何か」（記入例）　　　　年　　組　　名前

問1　どうしてアヤカは怒ったのか，アヤカの気持ちを想像してください。

アヤカは，約束通りの時間に来なかったことと，アヤカを待たせたことを謝りもしなかったことに対して怒った。その根本には，サキを自分の思う通りに動かそう，自分の思う通りに動かないのは許せない，という気持ちがあったので怒った。

問2　怒らないで，これからもサキとの関係を良好に保つためには，アヤカはどう言えばよかったか，セリフを考えてください。

アヤカはサキと待ち合わせをして毎朝登校しています。待ち合わせの時間は7時40分です。アヤカは約束の5分前には待ち合わせの場所に行きますが，サキは支度が遅くて，いつも5分以上遅れてきます。今日も7時45分になっても来ません。

アヤカ「ああ！　今日も遅いな。これだと遅刻しそう」

7時50分頃になってやっと，サキの姿が見えました。ニコニコ笑いながらゆっくりと歩いてきました。

サキ「アヤカ，今日もいい天気だね。さあ行こうよ」

アヤカ「サキ，私長い時間待たされたので，イライラしちゃった。遅刻しそうだから，明日から，45分まで待ったら，1人で登校するよ」

問3　今日の学習で学んだ，「これから怒りを持った時どうしたらよいか」大切だと思ったことを班で話し合い，次に書きましょう。

・今まで自分は腹を立ててどなっていたけど，これからはもっと冷静に行動をしようと思う。

・腹を立てた時，蹴ったりしていたが，恥ずかしい。

・なぜ自分は怒っているのか，原因をよく考えてから行動する。

・嫌な気持ちを周りにわかってもらおうと，いろんな行動をしても，それはめいわくな行動だと受けとめられることがわかった。

・怒らないでも，問題を解決できる言い方ややり方があることがわかった。

23　怒りの学習2　腹いせ行動を考える　対象：全年齢

　嫌なことがあると，暴力を振るうまではいかなくても，ドアを「バン！」と強く閉めたり，声を出さず「フン！」とのどや鼻を鳴らしたりすることがあります。それは，「私はこんなに不愉快！」と嫌な気持ちを周囲にぶつけて，嫌な気持ちをわかってもらったり，スッキリしたいからです。

　しかし，周囲の人は嫌な気持ちを理解してくれるどころか，そんな態度を取ると，「困った人」とか「あぶない人」とか「嫌な人」とか思われ，逆効果です。このような行動を「腹いせ」と呼びます。

　「怒り学習2」では，今まで自分がなにげなくやっていた行動が「腹いせ」であることに気づき，それを周囲の人がどう感じるかを知り，「腹いせ」行動が不愉快な気持ちをスッキリさせる行動としてはふさわしくないことを理解させます。

〈腹いせ〉とは

　不愉快な気持ちや怒りを晴らすために，関係のない人や物に対する乱暴な行動のこと。スッキリするための八つ当たり行動。そのはけ口は大抵自分より弱い存在です。

図　腹いせ行動

【本時の目的】　怒って腹いせ行動をした時に，それが怒りをぶつける腹いせ行動であることを理解できる。そして腹いせ行動をしても解決につながらないことを理解し，怒った時の適切な対処方法について考えられる。

【学習計画】　怒りの学習2「腹いせ行動を考える」

構成	学習活動	手だて・留意点など
必要に応じて，アイスブレーキングなどで緊張をほぐし，実施する。(p.89参照)		
展開	ロールプレイ1を見る。	5〜6名の班に分け，各班に1枚ずつシートを配る。 ロールプレイ1を見せる。先生を中心に配役し，足りなければ子どもにも演じてもらう。
	なぜミユキは弟を突き飛ばしたのか。班で話し合い，シートの問1に記入する。	班で話し合わせてシートの問1に記入させる。75ページの図を参考にミユキの腹いせ行動について理解させる。
	弟を突き飛ばして良かった点と悪かった点を班で話し合い，シートの問2に記入する。	シートの問2に記入させる。
	今までの腹いせ行動の経験と，その結果どういうことがあったかを出し，それをシートの問3に記入する。	腹いせ行動の結果，それが自分にとってかえって不利になった経験を思い出させ，シートの問3に記入させる。
まとめ	これから腹いせ行動をしたくなった時，どう行動したらよいか，授業の感想を班で話し合い，シートの問4に記入する。	腹いせ行動をしても，怒りや嫌な気持ちの解消につながらないことを理解させる。 シートの問4に記入させる。

　この学習に関しては，必要に応じてアイスブレーキングを実施した後，予告なしに展開のロールプレイに入ります。今までよく考えずに行っていたことが，「腹いせ」であることに気づかせたいからです。

ロールプレイ1のセリフ （出演者：母親，ケン，ミユキ）

母親「ミユキ，あなたは昨日も宿題をしなかったのね。さっき先生から電話があって『ちゃんと宿題はやらせてください』と言われたよ。本当に恥ずかしかったよ」

そこへ弟のケンが来た。

ケン「おねえちゃん，一緒に遊んでよ。折り紙しようよ」

ミユキ「あんたは，赤ん坊と遊んでいればいいのよ」ときつい口調で言った。

ケン「僕は赤ん坊じゃないぞ。今日も，保育園で仮面ライダーをして，カッコよかったんだぞ」

ミユキ「何言ってるの，赤ん坊のくせして」と言いながら，ケンを突き飛ばしたので，ケンは泣き出した。

ケン「お母さん，おねえちゃんがいじわるしたよ」と大声で泣いた。

母親「ミユキ何やってるの。小さい子をいじめて。優しく遊んであげなさい」

ミユキ「だって，宿題やらなくてはならないのに，ケンが遊んでと言うし」

母親「怒られた嫌な気持ちを弟にぶつけたらいけないよ。今日はオヤツなしよ。部屋に行って宿題してなさい」

シート「腹いせ行動を考える」　　　　　月　　日　　　班

問1　ミユキはなぜ弟のケンを突き飛ばしたのでしょうか。何か弟が悪いことをしたから
でしょうか？　班で話し合って，次に書きましょう。

問2　ミユキが弟のケンを突き飛ばした結果の，「良かった点」「悪かった点」を班で話し
合い，書きましょう。

良かった点	悪かった点

問3　今まで行った腹いせ行動と，その結果どんなことが起こったかを思い出して，書い
てみましょう。

行った腹いせ行動	→	腹いせをした結果どうなったか
	→	
	→	
	→	
	→	

問4　授業の感想やこれから怒りを感じた時どう行動するか，班で話し合って，次に書き
ましょう。

シート「腹いせ行動を考える」（記入例）　　　　月　　日　　　　班

問1　ミユキはなぜ弟のケンを突き飛ばしたのでしょうか。何か弟が悪いことをしたからでしょうか？　班で話し合って，次に書きましょう。

・母親に叱られたことで，不愉快になった。しかし，母親にはぶつけられない。そこで，ぶつけても大丈夫な弟にきつい言葉をなげつけることで，うっぷん晴らしをした。

問2　ミユキが弟のケンを突き飛ばした結果の，「良かった点」「悪かった点」を班で話し合い，書きましょう。

良かった点	悪かった点
・嫌な気持ちをぶつけてスカッとした。	・弱い弟に自分の不愉快な気持ちをぶつけてしまい，母にまた怒られた。

問3　今まで行った腹いせ行動と，その結果どんなことが起こったかを思い出して，書いてみましょう。

行った腹いせ行動	→	腹いせをした結果どうなったか
親に叱られたので近所の子をいじめた	→	また親に叱られて，もっと不愉快になった
兄にテストの点を馬鹿にされ，壁を蹴った	→	壁に穴があいたので，親にひどく叱られた
新しい靴を買ってもらえなかったので，古いのを壊した	→	親に叱られ，新しい靴も買ってもらえず，壊した靴をしばらく履いていた
集合時間に遅れ，登校時友達に置いてかれたので，学校をずる休みした	→	授業の内容がわからなくなり，親にもずる休みを叱られた

問4　授業の感想やこれから怒りを感じた時どう行動するか，班で話し合って，次に書きましょう。

・腹いせでうっぷんを晴らしても，もっと怒られるので余計に不愉快になる。
・不愉快になっても，原因は自分にあることが多い。
・自分が悪くなかったり言いたいことがあったりしたら，我慢したり，率直に伝えたりする。

24　怒りの学習3　怒りの解消法

対象：全年齢

【本時の目的】　怒りを持った時，怒りをどう解消したらよいか，適切な解消方法を知り，
　　　　　　　　実践できる。

【学習計画】　怒りの学習3「怒りの解消法」

構成	学習活動	手だて・留意点など
導入	前回学習した怒りの続きで，怒りの解消方法について学ぶ。	70ページの「図　怒りを持った時の対処」を用いて，怒りをぶつけることは，友達や周囲からの信頼を失うことを思い出させる。
展開	怒った時，どのようにすれば怒りが解消するか，経験を発表する。 解消法の例：・人に聞いてもらう ・その場から離れる ・冷静に相手に気持ちを伝える ・大声で叫ぶ ・その場を離れて走る	子どもからの怒り解消法を出させ，板書をする。 生活の中で実践している方法にも有効なものがあることを気づかせる。
	怒り解消の方法を練習する（時間によって，練習するものを選ぶ） ・呼吸法 ・筋弛緩法 ・歌を歌う	・82ページの呼吸法や，84ページの筋弛緩法を参考に練習をする。 ・「歌を歌う」は，気分転換して冷静に考えられるという効果がある。歌は，「となりのトトロ」や「われは海の子」など何でもよい。
まとめ	今日の授業の感想を班ごとに話し合い，自分に合った解消法を考える。 今日の授業の内容が，日常の生活の中で生かせるように話し合う。	

本時は，記入用のシートを使用しないで行っている。

25　リラックス法（リラクゼーション）とは何か

　人はストレスにさらされると，不安や緊張などを感じます。その状態が続けば心や体に困った症状が現れてきます。心の緊張をゆるめる（リラックスさせる）にはどうしたらよいのでしょうか。

　人の体と心の状態は一致しています。心が緊張しているのに，体がリラックスしていることはありえません。また心がリラックスしているのに，体が緊張していることもありえません。

体の状態	心の状態
緊　張	緊　張
リラックス	リラックス

　この原理を利用してリラクゼーションを行います。体をリラックスさせて，自然に心をリラックスさせるというわけです。これがリラクゼーションのしくみです。

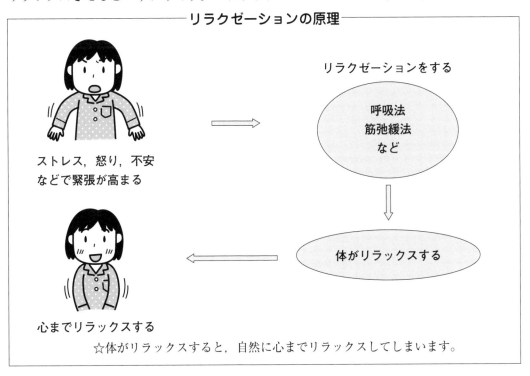

リラクゼーションの原理

ストレス，怒り，不安などで緊張が高まる

リラクゼーションをする

呼吸法
筋弛緩法
など

体がリラックスする

心までリラックスする

☆体がリラックスすると，自然に心までリラックスしてしまいます。

26　リラックス法：呼吸法（10秒呼吸法）

対象：小学校中学年以上

　ここでは，簡単にできる10秒呼吸法を練習します。この10秒呼吸法は，すぐに覚えられ，1人で簡単にできます。試験の前などに実施すると，気持ちが落ち着き，夜寝る前にすると，ストレス解消してリラックスできます。

　なぜ，呼吸法で心が落ち着くのでしょうか。それは呼吸が自律神経に深く関係しているからです。自律神経は私たちの意思とは関係なく身体を健康に保つために働いています。心臓や呼吸，胃腸などです。

　自律神経の中に，交感神経と副交感神経があり，この2つが拮抗して動いています。交感神経は緊張したり活動したりする時に働いています。副交感神経はリラックス状態にある時に働きます。

　交感神経と副交感神経は自動的にコントロールされていますが，ストレスが多かったり，疲れすぎている時などこのバランスが崩れることもあります。バランスが崩れると，不整脈や食欲低下，不眠や頭痛，便秘や下痢などの症状が現れ，「自律神経失調症」と診断されます。副交感神経の活動レベルを高めることで，毛細血管が広がり血圧が低下したり，免疫力を高めることができる，心と体がリラックスできるようになると言われています。

　ですから深くてゆっくりの呼吸をすることにより，副交感神経の働きを高めます。それでリラックスしたり，心身健康を作っていきます。

※呼吸法については拙著『先生が進める子どものためのリラクゼーション＜CD2枚付＞』（黎明書房）があるので，時間をかけて行う場合はそちらを参考にしてください。音楽やガイド付きなので，容易にリラクゼーションが体験できます。

10秒呼吸法の行い方

① では，今から呼吸法の練習をします。

　これを行うと，ゆったりとした気持ちになり，リラックスできます。

　では，椅子にゆったりと腰かけてください。

　両手は軽くつないで，下腹のあたりにのせます。

　呼吸法を行う時に，この下腹がふくらんだりへこんだりすると，お腹からしっかり呼吸ができているとわかります。

② では，今から呼吸を行うので，目を閉じてください。私のかけ声通りにゆっくり呼吸をしていきます。

　では，吸います。1．2．3．息を止めて，吐きましょう ―――（8秒くらい吐く）

　＜この呼吸を10回くらいくりかえす＞

③ では，今から普通の呼吸に戻ります。

　先生は何も言いませんので，少しの間，目を閉じたまま，楽にしてください（30秒くらい）

④ 目を開けてください。少しボーッとしているので，元の状態に戻します。（消去動作）

　両手を前に出して，グーパーを何回かしてください。

　次は両手を上げて，伸びをします。

　これで呼吸法は終わりです。

　興奮した時，試験の前などドキドキした時，疲れがたまった時，寝る前などに行ってください。

　リラックスしたり，ストレスを減らすのに役立ちます。

27　リラックス法：筋弛緩法

対象：小学校中学年以上

　筋弛緩法も，簡単に行うことができるリラクゼーションです。筋肉をゆるめるとその部分がリラックスするという原理を用いています。毎日行うことによって自律神経のバランスの調整に役立ちます。

　筋肉をゆるめるために，まず最初は力を入れて，力を抜くという方法で行います。5秒ほど力を入れていっきにストンと力を抜きます。その時，ちぢんだ毛細血管がゆるみ，広がった血管に血液が行きわたり，じわーと流れていく感覚や，筋肉がゆるんだ感じを味わいます。ここで紹介した肩，足，顔の他，体中のどこの筋肉でもできます。

筋弛緩法を行う時の注意

① 　筋肉に力をいれるのは全力ではなく70〜80％くらい。

② 　力を入れる時間は5秒（10数えるくらい）程度。

③ 　その後すっと力を抜く。

④ 　脱力は10〜20秒くらい。（力が抜けた状態に気持ちを向ける）

⑤ 　筋弛緩法は全部で5〜10分くらい行う．（短時間でも構わない）

⑥ 　目を閉じて行うとよい。

⑦ 　椅子に座る場合は，浅く腰掛け，背筋は伸ばします。

⑧ 　寝て行ってもよい。

基本の姿勢（椅子に浅めに腰かけ，足を肩幅にひらき，背中は伸ばす）

筋弛緩法

＜肩のリラックス①＞

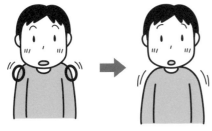

肩を上げて10数えます

肩の力を抜き，ストンと肩をおとします（10〜20秒）

＜肩のリラックス②＞

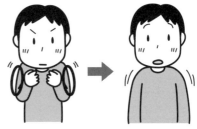

手をしっかり握り，肩をせばめて，耳のあたりに近づけるようにして10数えます

肩と手から力を抜き，ストンと肩をおとします（10〜20秒）

＜足のリラックス＞

両足を前にのばし，つま先まで一直線にして10数えます

足の力を抜き，足を下におろします（10〜20秒）

＜顔のリラックス＞

力を入れて顔中のパーツを中心に集めて10数えます。その時，目の奥の筋肉も力を入れます

ストンと力を抜きます。10〜20秒，筋肉がゆるんでいるのを味わいます

28 ゲーム感覚であいさつを身につける

対象：小学生　時間3分くらい（人数による）

　あいさつは，すべての基礎です。あいさつができれば，そのほかに，あまりおしゃべりが得意でなくても，クラスの一員として，存在を認められやすくなります。まずは大きな声で，目を見てあいさつすることができることが大切です。

　「朝の会」や「帰りの会」などで毎日行います。一定のパターンとなっているので，最初はぎこちない言い方ですが，慣れてくると苦痛を感じることなく簡単にできるようになります。これがあいさつを身につける第一歩です。

第1段階　基本のあいさつ

　班ごとにまるく並びます。

　最初の1人が隣の子どもに向かって，あいさつ（「おはよう」とか「こんにちは」とか「さようなら」とか，言うことを決めておきます）をします。

　あいさつされた子どもは，あいさつを返します。

　そして，次の隣の子どもにあいさつをしていきます。

　最初の子どもにあいさつが返るまで行います。

第2段階　あいさつにハイタッチを付け加える

　班ごとにまるく並びます。

　最初の1人が隣の子どもに向かって，あいさつ（「おはよう」とか「こんにちは」とか「さようなら」とか，決めておきます）をします。

　あいさつをして，「ハイタッチ」をします。

第3段階　自分なりのひとことを付け加える

班ごとにまるく並びます。

最初の1人が隣の子どもに向かって，あいさつ（「おはよう」とか「こんにちは」とか「さようなら」とか，決めておきます）をします。

今日も遊ぼうね！

あいさつの後に，一言言葉を付け加えます。言葉は，天気のこと，相手のこと，自分のことなど何でもよいのですが，思いつかない場合は，次の「付け加える言葉」の中から選んで言ってもよいことにします。

＜付け加える言葉の例＞

○**朝に**：いい天気だね。今日も寒いね。笑顔が素敵だね。遠足楽しみだね。いつも元気だね。給食楽しみだね。昨日は楽しかったね。昨夜のテレビ番組見た？

○**帰りに**：今日も楽しい一日だったね。明日も楽しく遊ぼうね。宿題頑張ってね。今日の体育は楽しかったね。試験勉強頑張ってね。

応　用

決まり切った「おはよう」とか，「さようなら」とかだけでなく，自分の好きなあいさつ言葉「オッス」「やあ」「はーい」「グッドモーニング」などで行っていきます。

しかしそれは友達との間でする気軽なあいさつで，先生などにするあいさつではないことも社会のルールであることを教えます。

おはよう

実施時の留意点

自分なりのあいさつ言葉や，付け加える言葉は，少し考える時間をとりましょう。

班の中で話し合わせてもよいでしょう。

29 ゲーム感覚で自己を伝える

対象：小学校中学年以上　実施時間20～30分くらい

　自己紹介でとことん自分のことを相手に伝えることはなかなか難しいことです。次に紹介する自己紹介は，相手とじっくりと話をして，自分のことを伝えて相手のことも知ることができるものです。

共通点を探すゲーム

○**対象人数**：6人～40人くらいまで
○**必要な時間**：20～30分程度

<進め方>
①　2人組を作ります。
②　指導者は「今から15分間相手と話をして，自分と相手の共通点を探してもらいます。15分後，共通点を発表してもらいます。では話を開始してください」と言い，2人組はそれぞれ話を始めます。
③　15分後
　　指導者は「はい話は終わり。2人組のどちらかが，共通点を発表してください。発表の後，残りの人が，言い忘れたことがあると思ったら，それを付け加えてください。」
④　発表する人を決める時間を1分程度とってから，1組ずつ発表してもらいます。

<留意点>
・話題は自由でよいが，好きなゲーム，好きな色，兄弟の数，好きなテレビ番組，こだわること，血液型や住まい，家族，趣味などお互いのことを聞きながら，少しでも共通したところがないか探します。

30　アイスブレーキングゲーム

対象：小学生以上（5分程度でできるものばかりです）

　アイスブレーキングとは　文字通り固い氷を壊す（溶かす）ように，参加者の緊張や堅苦しい雰囲気を壊して，なごやかな雰囲気にさせる活動をアイスブレーキングと言います。ここでは，何人でもOKで，短時間にできる簡単なゲームを紹介します。

　本当に簡単なものですが，「失敗して，笑いが巻き起こる」，これが氷のような緊張を溶かします。アイスブレーキングは，英語ではアイスブレーカー（ice-breaker），アイスブレーキングゲーム（icebreaking games）の方が一般的なようです。

1　あっち向いてホイ　必要時間：3分　参加人数：何人でも可能

① 　2人組となってジャンケンを行います。

② 　その勝敗が決まった直後，「あっち向いてホイ!」の
　　掛け声と共に，勝った方は上下左右のいずれか一方
　　を指差します。負けた方は上下左右のいずれかに顔
　　を向けます。

③ 　顔を向けた方向と指を差した方向が一致すると指
　　を差した方の勝ちとなります。

④ 　一致しなかった場合，再度ジャンケンからやり直しとなります。

　　これを1分間ほど行います。誰でも知っているゲームなので，簡単で盛り上がります。

あっちむいて
ほい

2　バースデーリング　必要時間：3分　参加人数：10〜200人くらいまで

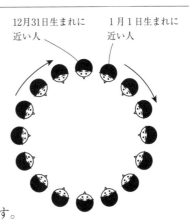

12月31日生まれに
近い人

1月1日生まれに
近い人

① 　会場の部屋に，1月1日生まれを先頭に誕
　　生日順に輪になって並ぶゲームです。

② 　言葉は使わず身振り手振りでコミュニケー
　　ションをとりながら行います。

③ 　「時間は1分以内に」と急がせます。

④ 　ジェスチャーで自分の誕生月日を伝え合い，
　　位置を確認して行きます。

⑤ 　並び終えたら，指導者が1月1日の人から，
　　一人ひとり誕生日を言ってもらい答え合わせをします。

　　日にちが前後していたり，同じ誕生日の方がいたりと，場が和みます。

3 後出しジャンケン　必要時間：3分　参加人数：何人でも可能

① 　最初は，指導者と参加者で何回かジャンケンをします。

② 　その後「後出しジャンケン」の説明をします。指導者が「ジャンケンポン」と掛け声をかけてジャンケンの手（グー・チョキ・パーのどれかの手）を出します。それを見てから遅れて，参加者が「ポン」と掛け声をかけて手を出してもらいます。

　　1 　まずは，指導者と同じ手を出す練習を5回程度します。

　　2 　次は，指導者の手に勝つ手を出す練習を5回程度します。

　　3 　最後に，指導者の手に負ける手を出すことを告げてジャンケンをします。

③ 　しだいにスピードを上げて，1，2，3のジャンケンを行います。このジャンケンの面白さは，参加者が指示通りの手を出せず，間違えてしまうところです。

4 もし桃ソング　必要時間：2分　参加人数：何人でも

① 　参加者を2つのグループAとBに分けます。

② 　2曲の歌を普通に歌って練習をします。

③ 　2曲を2グループで1行ずつ交代して歌います。

　　A：もしもし　かめよ　かめさんよ
　　B：桃太郎さん桃太郎さん
　　A：せかいのうちで　おまえほど
　　B：お腰につけた黍団子（きびだんご）
　　A：あゆみの　のろい　ものはない
　　B：一つわたしに下さいな
　　A：どうして　そんなに　のろいのか

「うさぎとかめ」の歌		「桃太郎」の歌
もしもし　かめよ　かめさんよ	→	桃太郎さん桃太郎さん
せかいのうちで　おまえほど	→	お腰につけた黍団子（きびだんご）
あゆみの　のろい　ものはない	→	一つわたしに下さいな
どうして　そんなに　のろいのか		

④ 　歌う歌を交代して同様に1行ずつ歌います。

歌詞を板書したり，書いた紙を貼ったりして見えるようにすると歌いやすくなります。

5 自己紹介ゲーム　必要時間：5分　参加人数：6人以上何人でも可能

　5分の間になるべく多くの人と自己紹介をします。

① 近くにいる参加者が2人で組になり「お辞儀，名前を言う，握手をする」をします。

② その後，「私の自慢」を3つ言います。

③ お互いの自己紹介を終えたら，次の相手と同じように自己紹介をして行きます。

　「私の自慢」の例を出して，自慢の内容は何でもよいことを伝えておきます。ゲーム後，参加者に感想を聞きます。

> **「私の自慢」の例**　早食いが得意，どこででも寝られる，声が大きい，牛乳をいっぺんに3人分飲める，変な顔ができる，誰とでも友達になれる，体育が得意

6 ジャンケン列車　必要時間：5分　参加人数：20人以上何人でも

① 合図とともに，近くの人とジャンケンをします。

② 負けた人は勝った人の後ろにつきます。

③ 最後に勝ち残ったのが，その日のチャンピオンとなります。

　帰りの会などに毎日行っても楽しい。

　最後に4組が勝ち残った時，ジャンケンを止めて，全員が見守る中で，「最初はグー，ジャンケンポン」と全員で掛け声をかけて，勝負をさせると，盛り上がります。

　その日，チャンピオンになった1人は，翌朝までチャンピオンメダル（手製でメダルを作るとよい）を胸につける権利を獲得し，その時間はその人は名誉ある人としたりして楽しみます。

7　1分間ジャンケン　必要時間：5分　参加人数：10人以上

① 　1人に5枚カードを渡します。

② 　1分間にジャンケンをして，勝ったら相手からカードを1枚もらいます。

③ 　同じ人とジャンケンしてよいのは1回だけで，カードがなくなっても，1分間はジャンケンをし続けます。

④ 　1分経過したら，枚数を確認していきます。

　確認の仕方例：「カードが0枚の人手を上げて。その人はその場に座ってください。次カードが1枚の人手を上げて，その場に座ってください」と，枚数の多い人を残していき，「……ではカードが12枚の人，1人ですね。あなたが今日のチャンピオンです。おめでとう。拍手」とチャンピオンを決めます。

8　電波通信　必要時間：3分くらいから　参加人数：10人以上何人でも可能

① 　クラスを2つに分け，2列になり，手をつなぎます。

② 　最初の人（端の人）が隣の人の手をぎゅっと握ります。

③ 　握られたら，次の隣の人の手をぎゅっと握ります。

④ 　それを繰り返して最後の人までいき，ユーターンして最初まで戻ってきます。この電波がどちらが早く伝わるかを争います。

⑤ 　最初の人まで戻ったら，手を上げて「届きました」と言います。

9　指キャッチ　必要時間：2分　参加人数：6人くらいから何人でも可能

① 　全員で円を作ります。

② 　両手を横に出して，左手は人差し指と親指で輪を作るように軽く握り，右手は人差し指を立て，隣の人の左手の輪の中に入れます。

③ 　指導者が「キャ・キャ・キャ・キャ………キャッチ！」と言った瞬間に，右手の人差し指を輪から引き出すと同時に，左手は相手の人差し指を逃がさないようにつかみます。輪はあまり強く握らないように注意をしておきます。

10 フルーツバスケット　必要時間：5分以上適宜に　参加人数：10～20人

① 椅子を人数より1つ少なく用意し，まるく並べます。

② オニを決め，あとの人は椅子に座ります。

③ オニが中に入り条件を言います。たとえば，

「今朝，パンを食べてきた人」とか「ズボンをはいている人」と条件を言います。

その条件に合う人は席を動かなければなりません。ただし，隣の席には座れません。

（「フルーツバスケット」と言ったら全員が動きます。）

④ 椅子に座れなかった人がオニになります。

11 ペチャンゲーム　必要時間：3分～　参加人数：5人以上何人でも可能

① 班（班の人数は最高5人までで3の倍数以外の人数）ごとにまるく並べた椅子に座ります。

② 合図で，班のある1人から数を数えていきます。3の倍数の時，数のかわりに「ペチャン」と言います。

③ 21まで間違わずに早く数えられることを競います。途中で間違ったら間違ったところからやり直します。

④ よりはやく21まで数えられたチームの勝ちです。

もし別のクラスと対抗するなら，ストップウオッチを用いて21数えるまでにかかった時間を競い，学年新記録などとします。

12　言葉探しゲーム　必要時間：5分　参加人数：5人以上何人でも可能

①　3〜6人のグループを作ります。

②　3分間の間に，各グループは，指導者が指定するひらがな（例えば「あ」）で始まる物や事の名前を，一斉に考えます。

（例：あられ，あかちゃん，あひる，あき……）

③　各グループの記録係（1人）が紙（B5くらいの紙）に，物や事の名前を書き，どれだけ多く答えが出たかで勝負します。

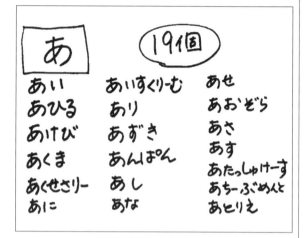

```
あ        19個

あい        あいすくりーむ   あせ
あひる      あり            あおぞら
あけび      あずき          あさ
あくま      あんぱん        あす
あくせさりー あし            あたっしゅけーす
あに        あな            あちーぶめんと
                            あとりえ
```

<注意>人の名前は禁止とします。3分経過後，各グループの答えの数を言ってもらい，1位のグループには，その答えを発表してもらいます。

13　新聞紙ヒモ作り　必要時間：5分（1回の時間）　参加人数：2人以上何人でも

①　1人に新聞紙を1枚用意します。

②　合図とともに，新聞紙を手で裂いていき，どれだけ長いヒモ状のものができるかを競います。

紙は裂きやすい方向と裂きにくい方向があります。

1回目はそれを説明せずに破って2分間競争します。

2回目はそれを説明してから同じく2分間行うとよいでしょう。

破った新聞紙は広い場所に置いて長さを比べます。

おわりに

　アサーションスキルを考える時，人間の大きな可能性を感じます。

　私たちはアサーショントレーニングをしようとすると，「攻撃的」ではなく，「消極的」でもなく，「さわやかに自分を表現」と考えます。そして，まず相手の言うことを頭から否定せず，自分がそれを受け入れられない事情を冷静に伝えることとなります。

　確かにアサーションスキルを身につけると便利なことがあります。相手と仲良くしたい，相手によいことをしたいと思っても，言い方が不適切であればケンカになったり，時には絶交状態となります。アサーションスキルで自分の本当の心が伝われば，協力できたり，仲良く一緒に行動をすることもできます。反対の意見を持っていても表現が適切であれば，相手を理解して信頼の気持ちさえ生まれます。

　しかし，未来を生きる子どもたちにアサーションを教える時に大切にしなければならないことは，単に表現技術を正確に教えることではありません。一人ひとりがどのように自分らしく生きるのか，それについて常に体験し考えさせることです。

　今の社会では，すべての面で高い能力が要求されます。また他の子どもと大きく違っていると，仲間外れにされることもあります。変わっていると「変な子」というレッテルを貼られることもあります。

　私自身，発達障害の特徴を持っており，自分の現状が認められず苦しい時期がありました。子どもは工場で作られたものではないので，いろんな子どもがいるのが自然です。そのままでも肯定される大切な存在であることを子ども自身が認識できるようになることが大切であると考えます。これが自尊感情ということです。

　そのように生きるためには，無理せず，リラックスして日常を送ることができる環境を作ることです。このような中でこそアサーティブに生きることができるのだと思います。つまり，アサーションスキルを身につけさせることだけに終始せず，子どもたちの自尊感情を育てはぐくむために，この本が少しでもお役に立てば，これほどうれしいことはありません。

田　中　和　代

参考文献

・八巻香織著, ティーンズポスト編『こじれない人間関係のおけいこ』ビクターエンタテインメント　2002年9月。

・アン・ディクソン著, 山本光子訳『アサーティブネスのすすめ』柘植書房新社, 1991年8月。

・森田汐生著『「NO」を上手に伝える技術』あさ出版, 2005年。

・金澤治監修『思春期のアスペルガー症候群は, 家族全員でサポートしよう！』日東書院, 2012年4月。

・河村茂雄編著, 浅川早苗・深沢和彦・藤原和政・川俣理恵著『イラスト版教師のためのソーシャルスキルトレーニング』合同出版, 2013年1月。

・相川充・猪刈恵美子著『イラスト版子どものソーシャルスキル』合同出版, 2011年1月。

・今村光章著『アイスブレイク入門』解放出版社, 2009年3月。

・サリー・クーパー著, 森田ゆり監訳, 砂川真澄訳『「ノー」をいえる子どもに』童話館出版, 1995年11月。

・CAPセンター・JAPAN編『CAPへの招待』解放出版社, 2004年10月。

著者紹介

田中和代

静岡県静岡市生まれ。臨床心理士，福祉レクリエーションワーカー，タッピングタッチ・インストラクター，ＥＭＤＲ治療者。
東京女子体育大学卒業，福井大学大学院（学校教育専攻）修了。静岡県の公立学校教諭を経て，福井県に移る。福井県で非常勤講師，スクールカウンセラー，発達相談員や療育指導員，若者の就職支援を行い，山形県の東北公益文化大学教員（学生共育相談室の副室長）として困難をかかえる学生の修学，就業支援を行う。現在は，「フリースペース COMUFUKU こむふく」理事長。
主著
『重度痴呆のお年寄りのレクリエーション援助』2000年
『痴呆のお年寄りの音楽療法・回想法・レク・体操』2001年
『誰でもできる回想法の実践』2003年
『子どももお年寄りも楽しめるホワイトボード・シアター桃太郎』2004年
『教師のためのコミュニケーションスキル』2005年
『高機能自閉症・アスペルガー障害・ADHD・LD の子の SST の進め方』2008年
『カウンセラーがやさしく教えるキレない子の育て方』2009年
『先生が進める子どものためのリラクゼーション』2012年
『新装版　発達障害の子どもにも使えるカラー版小学生のための SST カード＋SST の進め方』2014年
『ワークシート付きアサーショントレーニング』2015年
『イスや車イスに座ってできる転倒防止と寝たきり予防の音楽体操』2016年
『小学生のための３枚の連続絵カードを使った SST の進め方』2017年
『新装版 ゲーム感覚で学ぼう，コミュニケーションスキル』2019年
『家庭でできる呼吸法でストレス解消』2019年
『教師・親のための子どもの心のケアの進め方』2021年（いずれも黎明書房）

＊イラスト・さややん。

新装版　ワークシート付きアサーショントレーニング

2021年 2 月25日　初版発行
2023年 7 月15日　4 刷発行

著　者　田　中　和　代
発行者　武　馬　久　仁　裕
印　刷　株式会社　太洋社
製　本　株式会社　太洋社

発 行 所　株式会社　黎　明　書　房

〒460-0002　名古屋市中区丸の内3-6-27　EBS ビル　☎052-962-3045
　　　　　　FAX052-951-9065　振替・00880-1-59001
〒101-0047　東京連絡所・千代田区内神田1-12-12　美土代ビル6階
　　　　　　☎03-3268-3470

落丁本・乱丁本はお取替します　　　　ISBN978-4-654-02349-3